LES GRANDES ROUTES
DE RUSSIE

SUR

LES GRANDES ROUTES

DE RUSSIE

ENTRE L'OURAL ET LA VOLGA

PAR

PAUL LABBÉ

Avec 15 photogravures dans le texte.

PARIS

OCTAVE DOIN, ÉDITEUR

8, PLACE DE L'ODÉON, 8

1905

Tous droits réservés.

GRANDES ROUTES DE RUSSIE

PREMIÈRE PARTIE

UN VOYAGE SUR LA VOLGA

CHAPITRE PREMIER

LA VOLGA. — LA VIE DE BATEAU EN RUSSIE
NIJNI-NOVGOROD ET LA FOIRE

« Matouchka Volga », la petite mère Volga, comme l'appellent familièrement les paysans russes, dans leurs chansons et leurs légendes, est le plus grand fleuve de l'Europe. Elle n'offre pas au commerce de plusieurs nations d'Europe, comme le Danube, une grande route internationale, elle ne traverse qu'un seul pays et se jette dans une mer intérieure; mais elle n'en est pas moins la grande artère du commerce russe et par la Caspienne, elle réunit la Russie à la Perse et à l'Asie centrale, et joue un rôle considérable dans la géographie économique de l'empire.

Le bassin de la Volga est immense, il est en effet, troi fois plus grand que la France : le fleuve arrose neu provinces, et il est parcouru par treize cents vap urs et près de trente mille embarcations, chargés le bois, de charbon, de naphte, de sel, de poissons salés, de bestiaux vivants et de marchandises spéciales fabriquées en Perse et au Turkestan.

La largeur de la Volga qui n'est que de 200 mètres à Tver et de 600 à Kostroma, atteint 750 mètres à Nijni-Novgorod et dépasse 4.800 mètres à Saratov. Au printemps, elle déborde au moment de la fonte des neiges et prend des dimensions colossales. La navigation est arrêtée cinq mois et demi par l'hiver; en été les eaux sont souvent très basses; et les bateaux échouent ou n'arrivent qu'avec des retards de plusieurs heures, de plusieurs jours parfois : le chenal du fleuve à Astrakhan s'ensable progressivement. Un système de canaux fait communiquer la Volga avec les autres fleuves de Russie et rend plus facile et moins coûteux le transport des marchandises dans l'intérieur de l'Empire.

Le fleuve est navigable à Tver, pour les vapeurs de faible tonnage, mais ce n'est guère qu'à Nijni-Novgorod que commence la grande navigation, et le voyage classique en quelque sorte sur la Volga : russes ou étrangers, les tourristes ont pourtant grand tort de ne pas descendre le fleuve dans sa partie supérieure. A vrai dire, si Tver possède quelques églises intéressantes, Rybinsk est une ville commerçante et prospère, mais ennuyeuse et sans intérêt. Iaroslav, au contraire, est charmante et pittoresque entre toutes les villes de la Russie ; depuis longtemps florissante, elle a pris dans les dernières années un grand développement commercial, et semble destinée à un brillant avenir, quand les lignes du Nord terminées, donneront une vie nouvelle aux régions qu'elles traversent. Iaroslav

est déjà la station principale sur la grande voie
ferrée qui réunit depuis quelques années Moscou à
Arkhangelsk, et le centre de la Russie aux bords de
la mer Blanche.

Un voyageur qui s'intéresse à l'étude de l'art en

Fig. 1. — Église d'Iaroslav.

Russie, ne saurait négliger de mettre sur son itiné-
raire la ville de Iaroslav, il y trouvera de purs
modèles des différents styles de l'architecture religieuse en Russie. Je ne connais pas d'église russe
plus intéressante que Saint-Jean-Baptiste (Saint-
Jean Prédtetcha), qui date de 1680 et contient d'admirables fresques rappelant aux fidèles les vieilles
légendes de la vie des saints.

On ne visite pas assez Iaroslav dont le souvenir fait grand tort aux villes suivantes. Kostroma, qui vient ensuite sur la Volga, n'est ni aussi pittoresque, ni aussi riche en peintures ou en monuments.

Toute cette partie du voyage est constamment intéressante, car le fleuve n'est pas très large et l'on peut assister aux diverses scènes de la vie des bords. Les habitants de cette région sont des Slaves ; c'est après Nijni-Novgorod que commence la leçon d'ethnographie pittoresque que donne toujours à tout étranger un voyage sur la Volga ; alors seulement apparaissent tour à tour des représentants des races nouvelles, finnoises, tatares ou mongoles. On peut toujours rencontrer sur le fleuve et sur ses affluents, des Ougro-Finnois, des Permiaks, des Mordves, des Tchouvaches ou des Tchérémisses, des Kalmouks, des Tatars, des Turcs ou des Kirghizes, et tant d'autres encore que j'oublie.

Les bateaux qui font le service sur les grands fleuves russes sont, en général, très confortables : il est nécessaire, d'ailleurs, qu'ils le soient, car ce sont de longs voyages, de huit ou dix jours parfois, qu'on entreprend sur la Dvina ou sur la Volga en Europe, sur l'Ob, sur la Léna ou sur l'Amour en Asie. Le voyage de la Volga est, ainsi que je l'ai dit plus haut, le voyage classique en Russie, c'est toujours avec enthousiasme que les Russes en parlent ; il est pourtant un peu surfait et l'on peut lui préférer d'autres excursions en Finlande, au Caucase ou dans la ravissante Crimée. Une même monotonie règne sur les bords de la Volga et de ses affluents ; évidemment, on y trouve beaucoup d'autres endroits pittoresques, mais trop souvent les côtes sont sablonneuses, l'une généralement basse et l'autre faite d'une dune plus élevée ; il n'y a guère d'habitations, et celles-ci, bien que construites en terre ferme et assez éloignées du bord, sont bâties sur pilotis, car à l'époque de la fonte des neiges, il faut toujours se défier des inondations.

La vie sur le fleuve est très active ; on rencontre souvent des remorqueurs qui traînent de longs chalands, apportant le caviar de Gouriev, les peaux d'Astrakhan, le naphte de Bakou, le thé d'Asie, les céréales de Samara, les graisses et le bétail des steppes kirghizes. D'innombrables trains de bois, venus des forêts de Kostroma descendent lentement la rivière ; de petites barques s'approchent des bateaux, et les bateliers proposent aux passagers et aux cuisiniers du bord, des carpes, des chabots, des sterlets et des esturgeons.

Les fleuves et les rivières russes sont fort larges, et parfois plusieurs kilomètres séparent les deux rives ; tous les détails curieux, la vie des riverains, les petites comédies qui se jouent sur les bords pour la grande joie du voyageur et qui l'amusent infiniment, sont, en Russie, trop éloignés de lui et échappent à son regard. On voit moins de choses en huit jours sur la Volga, qu'en un seul jour sur le Rhin, l'Elbe ou le Rhône, mais ce caractère d'imprécision plaît aux Russes, qui aiment les vastes espaces et les monotones étendues.

Quelquefois, pendant le jour, l'uniformité du spectacle observé sur la Volga, fatigue et énerve, mais le soir et la nuit, elle trouble et surprend : on est alors dominé par l'incomparable majesté du grand fleuve. Oh! les merveilleux couchers de soleil ! Et les nuits, les nuits surtout, qu'on passe à l'avant du bateau ; l'eau semble alors couverte d'une nappe d'huile, la côte plus imprécise devient toute mystérieuse, et çà et là brillent et s'avancent les feux rouges ou verts de grands bateaux invisibles : un silence complet règne sur le fleuve ; pourtant, quelquefois, une mouette épeurée fait entendre un cri plaintif, des rames frappent les eaux endormies, une voix chante et s'élève d'une barque qui glisse indistincte, lentement emportée par le courant.

Si, en dehors du bateau, le spectacle est monotone, il est à bord même infiniment pittoresque et varié : de nombreuses races y sont représentées ; il y a là des Tatars et des Juifs qui font l'article à leurs voisins et qui s'efforcent de vendre leurs marchandises au cours même de leur voyage ; on y voit quelquefois des Tchouvaches ou des Mordves remuants et joyeux, des Kalmouks ou des Bachkirs graves et silencieux, des Chinois aimables et bavards, rarement des Kirghizes ou des Turkmènes, et presque toujours des Persans et des Arméniens ; ces derniers sont des commerçants plus habiles que les Tatars eux-mêmes et surtout plus résolument voleurs : les Arméniens, qui ne gagnent pas à être vus de près, sont des usuriers très remarquables ; il est vrai de dire que pour eux, l'usure n'est qu'une forme du commerce, et la meilleure, puisqu'elle leur rapporte beaucoup Enfin il y a surtout sur les bateaux des Russes et ce

ne sont pas là parmi les passagers les moins curieux
à observer.

Les Russes, voyageurs et commerçants, fonctionnaires ou paysans, riches ou pauvres, donnent de
suite au Français qui s'embarque avec eux, le bon
exemple à suivre : que le bateau marche trop lentement, ou s'avance imprudemment dans les endroits
trop peu profonds, qu'il échoue sur un banc de sable,
qu'aux heures de retard de la veille s'ajoutent de
nouvelles heures de retard, nul ne s'en inquiète et
chacun en prend philosophiquement son parti : la
fatalité seule est coupable. Le Russe sait que la patience est la plus intelligente des vertus et qu'elle
finit toujours par triompher ; il prend les adminis-
trations pour ce qu'elles valent ; il est convaincu
avec raison que les heures indiquées sur les horaires
sont celles où les bateaux ne sont jamais là ; il sait
enfin, il sait surtout, ce dont les Français ne sont
pas encore assez persuadés, que les compagnies
n'ont pas été créées pour la commodité des voyageurs et que ce sont, au contraire et dans tout pays,
les voyageurs qui ont été faits pour les compagnies.
Pourvu que les buffets soient bien garnis d'eau-de-
vie, les sacs de voyage de provisions, le samovar
d'eau bien chaude, pourvu qu'on trouve des cartes
et des joyeux compagnons, tout va bien, et pourquoi
se tourmenter davantage, on arrivera toujours assez
tôt ; le temps n'a que le prix qu'on lui attache, et il
faut le prendre comme il vient : le Russe est un sage.

Presque toutes les stations ou les bateaux font
escale se ressemblent, et l'on pourrait croire que
ce sont les mêmes gens que l'on rencontre à cha-

cune d'elles. Souvent le village est loin du fleuve
et l'embarcadère solitaire sur la rive escarpée ;
d'autres fois, on aperçoit des cabanes, des huttes primitives et plus loin, une petite ville, entièrement
bâtie en bois et dont les maisons sont groupées
autour d'une église blanche au toit rouge ou vert.
Avertis par le sifflet du bateau des voitures, des cavaliers, des piétons se dirigent en toute hâte vers l'embarcadère.

Sur le ponton, les habitants sont groupés : au
premier rang, un soldat de police, qui fait le plus
souvent, le mieux qu'il peut, honneur à la boisson.
Des planches sont jetées sur le bord, formant un pont
branlant et dangereux : tout le monde s'y précipite
et s'y bouscule. Descendons. Des mendiants nous
accueillent et nous entourent ; l'un d'eux, un vieillard dont on voit le pauvre corps décharné à travers
les trous de son vêtement en lambeaux, demande
l'aumône, tutoie les voyageurs et les appelle tour à
tour « petit père ou petit ami » ; les autres montrent
de hideuses blessures : leurs jambes à nu sont recou-
vertes de plaies et de pustules auxquelles les mouches
s'attachent, d'autres, enfin, ont le visage rongé par
la plus affreuse des maladies.

Les matelots et les porteurs de marchandises
écartent le public, des bonnes sœurs qui ne se sont
pas débarbouillées peut-être depuis le jour où elles
ont prononcé leurs vœux, quêtent avidement pour
leurs couvents, et des paysannes proposent à grands
cris leurs marchandises.

— Prends mes fraises, mon petit père ! — Un peu
de lait, maître ! —Vois quel beau pain, achète-le moi !

Et les cochers appellent les voyageurs : ils leur offrent de monter dans leurs voitures et quelles voitures : elles semblent dater du temps de Catherine la Grande ; si sales qu'elles soient, elles le sont moins pourtant que les cochers qui sont couverts de puces sous leurs lourds vêtements et dont les longues barbes pleines de miettes de pain, de tabac et de poussière, poussent touffues et incultes sans jamais connaître le peigne.

Dans les petites stations, les voyageurs à embarquer sont peu nombreux, mais chacun d'eux traîne à sa suite un nombre incroyable de colis. Les femmes du peuple ont leurs gosses, joufflus et barbouillés, accrochés à leurs jupes ; elles portent les plus petits couverts d'une simple chemise de couleur, sous leur bras, le derrière en l'air et à l'air ; elles tiennent leurs enfants comme des paquets, et leurs paquets comme des enfants. Un officier supérieur passe cependant fièrement, laissant traîner son sabre et faisant retentir ses éperons, comme en pays conquis à travers la foule qui s'écarte et se tasse aussitôt. Derrière lui, se précipitent les voyageurs ; chacun veut monter le premier afin de pouvoir choisir une meilleure place, souvent aussi afin de passer inaperçu et de voyager sans payer. Des scènes inénarrables ont lieu au guichet entre le distributeur de billets et les paysans qui marchandent. Au milieu des pauvres Tatars qui vont en troisième ou en quatrième classe, suivis de leurs femmes voilées, passe un riche musulman méprisant, avec ses femmes habillées à la russe et sans voiles ; il affecte de ne parler que russe, mais sa nationalité est écrite sur

1.

son visage. Voilà maintenant un pope aux longs cheveux roux, avec sa femme et toute une nichée d'enfants ; enfin une famille russe que suivent de nombreux porteurs, chargés d'oreillers, de matelas, de couvertures, de parapluies, de sacoches, de valises, de malles et d'un samovar ; des collégiens passent dans la foule en dévisageant les femmes parmi lesquelles celles des marchands se font remarquer par le mauvais goût de leurs costumes et la plénitude de leurs appas.

Le bateau part cependant, et les nouveaux venus s'installent pour la nuit, les uns se couchent, les autres mangent. On défait les sacs, on en tire les provisions, du thé, du caviar, du saucisson, du fromage, des boîtes de sardines, du pain blanc et de l'eau-de-vie. Dans toutes les couvertures il y a des bouteilles et des victuailles ; l'oreiller même est une boîte à surprises et, sous la taie, sont placées des serviettes, des mouchoirs, des cigarettes : on remplit d'eau le samovar, et les familles se groupent, prennent le thé en mangeant des melons d'eau et des confitures, et invitent les étrangers à partager leur repas.

Les cartes sont une grande distraction pour les voyageurs ; on passe la nuit entière autour des tables à jeu. Certains jeux de hasard sont défendus, mais il y a des accommodements avec les commandants de bateaux comme avec Dieu : ils tolèrent volontiers le jeu de hasard auquel on les invite.

Il y a toujours un piano à bord et on l'entend résonner constamment. Les Russes sont toujours un peu paresseux et ceux d'entre eux qui sont musiciens n'étudient pas assez, et c'est grand dommage, car ils comprennent admirablement la musique et sont des exécutants à la fois très brillants et très originaux.

En troisième et en quatrième classes, les plaisirs sont les mêmes qu'en première et en seconde, mais un peu plus vulgaires, un peu moins raffinés. Une même familiarité règne en effet dans toutes les classes ; un Russe quelqu'il soit ne peut jamais résister au plaisir de converser avec son voisin, il s'ennuie tout seul, et après quelques heures de voyage, un étranger compte toujours des amis dans les quatre classes et même parmi le personnel du bateau. Les moujiks dorment sur le pont, couchés sur le dos ou le ventre, tout habillés, les jambes écartées et les pieds déchaussés ; leurs femmes ronflent à leurs côtés, dans la même pose, le corsage dégrafé et un enfant suspendu au sein ; dès leur réveil, ils mangent et ils boivent, et le reste du temps se passe à jouer aux cartes, à chanter et à danser au son de l'accordéon ; on se dispute souvent aussi, et ferme ! On flirte et l'on aime, et plus d'un péché d'amour se commet au clair de la lune sur le pont même du bateau. Je me souviens qu'un jour, je regagnai Nijni-Novgorod en bateau sur l'Oka, un des plus grands affluents de la Volga : je m'étais accoudé sur la balustrade du pont, et j'assistai, en me penchant, témoin inaperçu, à la scène suivante. Un matelot se tenait à la pointe même du bateau, c'était l'homme chargé de sonder le fleuve dans les endroits peu profonds : il s'était préparé un petit souper fin, fait de fraises, de concombres et de thé ; à moitié couchée sur un

tas de cordes, une grosse paysanne faisait semblant
de dormir, mais suivait du regard sous ses paupières baissées tous les gestes de son voisin ; lui,
malin, regardait la paysanne, forte femme très en
chair, bien faite au goût du moujik russe ; ils échan-
gèrent quelques regards, puis quelques sourires ;
l'homme offrit des fraises, la femme minauda un
peu mais accepta vite ; à l'apparition d'une bouteille
d'eau-de-vie, elle fut tout à fait conquise ; elle se mit
à boire en renversant la tête, le goulot dans la bouche,
tandis que le matelot, avec une satisfaction très
visible, palpait le gros mollet de la paysanne que
recouvrait mal une jupe trop retroussée. Je n'ose
décrire ensuite la scène à laquelle j'assistai, mais
le lendemain, rencontrant le matelot, je ne pus
m'empêcher de le féliciter de sa conquête : il se mit
à rire et me dit enthousiasmé :

« Ce qu'elle peut boire, cette femme-là, c'est
étonnant ! »

Nous étions déjà de vieux amis : le brave homme
avait la langue très déliée, lorsqu'on lui offrait un
verre d'eau-de-vie. Un passager lui dit un jour que
j'étais Français et il me considéra très surpris :

« Toi, un Français ! Mais alors les gens de ton
pays sont donc faits comme ceux de chez nous ? »

Le matelot se figurait qu'un étranger devait avoir
quelques signes spéciaux, le distinguant des autres
hommes. Je lui demandai s'il savait où se trouvait
la France ; il me répondit affirmativement aussitôt.
Pour lui, comme d'ailleurs pour la plupart des moujiks, la Russie était un pays immense et entouré
d'eau ; les étrangers vivaient de l'autre côté de la mer

qui sépare la France de la Russie. Je voulus lui enlever son erreur, et je lui racontai qu'on peut venir en chemin de fer directement de Paris à Pétersbourg.

« Tu mens, frère, me dit le matelot, je sais ce qu'il en est, et j'ai un cousin qui a vécu à Pétersbourg : il m'a raconté que ton président est venu chez nous en bateau ! »

Que répondre à pareil argument? Je dus me dire que le matelot avait peut-être raison et je reçus ainsi une leçon de géographie, tandis que notre bateau glissait lentement sur l'Oka, près de son confluent avec la Volga, qu'à notre droite Nijni Novgorod apparaissait pittoresque au possible sur la pente escarpée des monts Diatlov avec ses clochers de toutes couleurs et ses terrasses verdoyantes, et qu'à gauche sur la rive plate s'étendait une autre ville, qui n'est vivante que deux mois par an et où se passe la foire la plus célèbre du monde entier.

Nijni-Novgorod ou Nijégorod, comme disent familièrement les moujiks qui appellent Saint-Pétersbourg Piter, est charmante, vue du pont d'un bateau ou de la rive droite de l'Oka. Non loin du confluent de la rivière et de la Volga, se trouve en été un grand pont de bateaux que l'on disloque chaque année après la fermeture de la foire : il serait bien inutile en hiver, lorsque les traîneaux peuvent librement et partout traverser les rivières, et au printemps s'il existait, il serait chaque année emporté par les glaces à l'époque de la débâcle.

Un chemin monte en zigzags jusqu'au sommet des collines, des escaliers abrègent la route aux piétons,

et on a même établi depuis quelques années pour
monter en ville un funiculaire électrique. Des monts
Diatlov, coupés de ravins profonds, on a une vue
merveilleuse sur l'Oka et sur la Volga, larges toutes
les deux de sept cents mètres environ. Une île de
sable jaune s'allonge dans l'Oka et les eaux la couvrent presque entièrement aux jours d'inondation :
les maisons qui s'y trouvent sont bâties sur pilotis ; en face, s'étend sur une immense plaine, au
bord même de la rivière, une grande ville composée de baraques, de magasins et de boutiques, qui
ne sont habités qu'à l'époque de la foire ; sur les
deux cours d'eau, passent de grands bateaux amé-
nagés à l'américaine, des remorqueurs, des trains
de bois et de petites barques de pêcheurs. A mi-
côte, dans le faubourg, s'élève la jolie église de la
Nativité, qui ressemble un peu à un château de
plaisance, toute rouge sous ses ornements blancs.
La cathédrale de Spasso-Préobrajenski est loin
d'être aussi charmante : c'est un grand monument
quadrangulaire et ennuyeux qui renferme d'assez
belles peintures murales.

Je me suis déjà arrêté quatre fois à Nijni-Novgorod et j'y ai constaté chaque fois des embellisse-
ments : la ville a de larges rues, bordées de grandes
maisons qu'ornent de vastes et belles boutiques.
L'animation y est assez grande : on y voit de nombreux moujiks, couverts de vêtements en peaux de
mouton, noires ou blanches, la fourrure en dedans,
et le cuir sale et mal tanné en dehors : sous ce costume, et chaussés de grosses bottes en feutre ou
en écorce de tilleul, hommes et femmes se ressem-

blent, et ce n'est qu'à la barbe qu'on peut distinguer les deux sexes.

Près de la grande place s'élève le Kremlin, flanqué de onze tours, et entouré d'un boulevard, sur la crête même de la colline. La tour Dmitri date de 1374; c'est un architecte italien Pietro Frasiano qui le reconstruisit en 1511, mais il a dû subir ensuite de nombreux changements. De la tour, la vue s'étend admirable par-dessus l'incomparable Volga, aux larges îles vertes et jaunes, sur la steppe infinie qui sert de lit au fleuve aux jours d'inondations. Tout le long de la Volga, le joli jardin Alexandre étend ses terrasses au-dessus du fleuve qu'il domine, et plus loin on arrive par un chemin dont la descente est vertigineuse au monastère de Pétcherski, dont les murs blancs sont surmontés de toits verts et près duquel est situé à l'ombre du boulevard un pittoresque cimetière. Un grand moine vint me parler, lorsque j'errais parmi les tombes et me fit visiter l'intérieur des églises.

« Nijni-Novgorod, me déclara-t-il, n'est gai qu'à l'époque de la foire. A ce moment-là tout est fait pour le plaisir des yeux : le pays semble donc plus beau et surtout plus riant grâce aux jolies femmes ! »

Comme je le regardais avec étonnement, il reprit sans embarras :

« Je vous parle ainsi parce que vous êtes Français et je sais que dans votre pays on ne songe guère qu'aux femmes.

— On exagère, répondis-je en riant, mais que voulez-vous, mon père, l'homme n'est pas parfait !

— La femme non plus, répondit le moine avec conviction, et d'un air très entendu ».

La foire, à laquelle le bon père faisait allusion, commence chaque année le 15 juillet et se termine à la fin d'août. Les Khans tatars avaient jadis fondé une foire très florissante à Kazan ; jaloux des succès de ses voisins, le tsar Ivan III défendit à ses sujets de s'y rendre, et en créa une à son tour sur les bords de la Volga à l'embouchure de la Soura, près du village de Vassilsoursk et du monastère de Tcheremisski. Cette foire fut bientôt transportée à 70 kilomètres environ de Vassilsoursk, près d'un autre couvent, celui de Makariev. Saint Macaire devint et est resté aujourd'hui encore le patron de la foire. Un Français de Nijni-Novgorod qui se vante d'avoir des lettres et qui regrette d'avoir perdu beaucoup d'argent dans des marchés malheureux passés avec des Arméniens et des Persans, appelle toujours le patron de la foire : saint Robert Macaire !

En 1816, un incendie détruisit de fond en comble le champ de foire de Makariev, et en 1822, 2 500 baraques étaient à nouveau construites, mais cette fois à Nijni-Novgorod : l'emplacement avait été admirablement choisi.

Le plan de la foire est le suivant : on a tracé des allées longitudinales, coupées à angles droits par six autres allées parallèles, le rectangle formé ainsi a 1.700 mètres de long sur 1.000 de large : au milieu, se trouve un boulevard bordé de saules et, à son extrémité, se dresse une grande cathédrale qui fait vis-à-vis à l'hôtel du gouvernement. Sous la foire, sont creusés des canaux, et la précaution fut

bonne, car les incendies sont toujours à craindre.
Les formidables inondations de la Volga et de l'Oka
sont non moins terribles que les incendies et l'État
doit s'apercevoir de ce que l'entretien du champ
de foire, les réparations toujours si nombreuses,
la construction de bâtiments nouveaux lui coûtent
chaque année ; il est vrai que chaque année aussi
les transastions et les échanges lui donnent un bénéfice considérable. On a dit, en effet, que les cinq
mille boutiques louées aux vendeurs et aux expo-
sants lui rapportaient un million de francs. On fait
à la foire une moyenne de cinq cent cinquante millions de francs d'affaires par an et les marchands
et curieux qui s'y rendent sont au nombre de quatre
cent mille.

Dès que s'approche l'ouverture de la foire, les
marchands se dirigent vers Nijni-Novgorod, de
toutes les provinces de la Russie, de Sibérie, du
Caucase, du Turkestan, de Perse, et même de
Chine et des Indes. La navigation sur la Volga est
alors en pleine activité et les bateaux arrivent bondés de marchandises. Les commerçants importants
des grandes villes de la Russie, désireux de faire
des achats, envoient leurs représentants à la foire.
L'ouverture de la foire se fait solennellement, en
présence de l'archevêque, du gouverneur de la province et des autorités municipales, le jour de la
fête de saint Macaire ; des prières sont dites, des
hymnes chantées et les monuments sont ornés
de drapeaux. Une croyance populaire dit que si les
drapeaux flottent largement au vent, la foire sera
florissante et d'importants bénéfices rempliront les

poches des marchands ; si au contraire les drapeaux pendent flasques et tristes, c'est un mauvais présage qui prouve que saint Macaire n'est pas content. J'ai scandalisé un moujik qui me racontait très sérieusement cette superstition en lui disant :

« Je trouve que ce que tu me racontes, prouve simplement que dans le premier cas il y a eu du vent, et qu'il n'y en a pas eu dans le second ! »

La foire ne bat son plein que vers le premier août, car on remarque que chaque année les retardataires sont plus nombreux. La vie alors est intense dans toute la ville et surtout dans le quartier de la foire ; les rues sont pleines de monde et les voitures sont nombreuses. La foire est russe avant tout, mais la variété des types et des costumes lui donnent un caractère international. Il y a des quartiers spéciaux pour chaque marchandise, le thé fin vient de Kiakhta, les tapis grossiers de Tumène en Sibérie, les tapis de luxe de Merv et de Téhéran, les soieries sont envoyées de Boukhara, les laines de la steppe kirghize, le sel gemme d'Iletskaïa Zastchita, les châles d'Orenbourg, le naphte de Bakou, les peaux d'Astrakhan, le coton du Turkestan, les fourrures de Sibérie. Les échanges les plus importants se font sur les draps, les laines, le coton, les métaux, les fourrures et les soies ; parmi les produits russes, on ne saurait oublier non plus les spéculations sur le fer, la fonte et le naphte, et les contrats d'affrètement ; les produits étrangers les mieux vendus sont le thé (moyenne de chaque année 55 à 60 millions de francs), les produits pharmaceutiques et les couleurs (12 à 13 millions), les marchandises de Khiva

Fig. 2. — Nijni-Novgorod : la foire, l'Oka et la Volga.

et de Boukhara (12 à 13 millions), les marchandises de Perse (10 à 11 millions), les produits européens (11 à 12 millions). Les plus beaux étalages se
trouvent dans l'immense hall de l'hôtel du gouvernement : cet hôtel, qu'occupent pendant la foire, le
gouverneur et le comité directeur, la police, la
banque d'État et les postes et télégraphes, a été
construit récemment en 1890. Le grand hall renferme une merveilleuse exposition d'objets de luxe ;
c'est là que se trouvent les étalages des artistes et
des marchands qui ont mérité tant de grands prix à
l'exposition de 1900. Les orfèvres d'Iékaterinbourg
y vendent les plus belles pierres de l'Oural, tourmalines, topazes, émeraudes et béryls, à côté des
Persans, vendeurs de turquoises et d'améthystes,
les grands soyeux de Moscou exposent des étoffes
de nuances discrètes et délicates non loin des soieries merveilleuses, de couleurs chaudes et parfois
trop voyantes, des marchands de Boukhara, de
Tachkent. Ayant été attaché à l'exposition russe
de 1900, je rencontrai parmi les vendeurs plus
d'un exposant de connaissance ; les musulmans
m'offraient des cigarettes orientales et m'invitaient
à manger avec eux les plats de leur pays dont
ils me savaient friand. Parmi eux, je reconnaissais
des marchands de Samarkand et de Bakou : leur
amabilité me prouvait qu'ils m'avaient bien volé
jadis. Je ne me faisais aucune illusion sur l'honnêteté de celui de Samarkand, sur celle de celui de
Bakou non plus d'ailleurs. Le premier, que je connais depuis longtemps se sert toujours de deux
balances : l'une pour les marchandises qu'il vend,

l'autre pour celles qu'on lui apporte ; quant au second, je choisis un jour dans sa boutique des étoffes de soies, des nappes de Perses et des tapis. Lorsque je lui en demandai le prix, il prit un air mystérieux et médita longtemps.

« Donnez-moi simplement trois cents roubles ! dit-il... »

J'en offris immédiatement cent cinquante. J'entendis protestations sur protestations et le marchand exhala son indignation avec force gestes et soupirs ; puis, semblant faire un effort épouvantable, il diminua son prix de dix roubles. Je voulais m'en aller et il me retint : il pouvait encore diminuer de cinq roubles. Je renouvelai aussitôt mon offre à cent cinquante. L'indignation du vendeur redoubla, et il m'expliqua enfin que, puisqu'il me faisait la grâce de diminuer ses exigences, je devais augmenter mon offre, de cinq roubles en cinq roubles, moi montant et lui descendant, nous finirions par nous entendre. Je répondis que je n'avais pas grande envie de ses marchandises, et qu'elles ne me tentaient qu'à condition de ne les payer qu'un prix raisonnable. Ce fut comme une douche qui refroidit subitement le marchand ; nous discutions déjà depuis près d'une heure, selon l'usage chez les marchands d'Orient. Quand il me vit sur le point de partir et qu'il comprit que je ne reviendrais pas :

« Tiens, tiens, prends, dépouille-moi ! s'écria-t-il en me jetant les marchandises à la tête, emporte cette nappe et ce coussin. Tu veux ma ruine ; je le vois bien ! Tiens, voilà le tapis !... »

Et le tapis passa par-dessus ma tête. Le marchand

rageur s'assit dans un coin, me laissant faire mon paquet moi-même, et il reçut mon argent en soupirant à cœur fendre. Je l'ai revu plusieurs fois depuis : il avait dû faire avec moi une excellente affaire car son amabilité n'avait pas de bornes et il désirait sans doute me voler une fois encore : il voulut un jour me vendre des turquoises :

« Elles sont vraies ?

— Oh ! s'écria-t-il scandalisé, toutes vraies !

— Tant pis, j'en aurais bien pris une pour faire un cadeau, mais comme je n'y veux mettre que quelques roubles il me l'aurait fallu prendre fausse.

— Oh ! me répondit le marchand sans comprendre que je plaisantais, et en remuant du doigt les pierres qu'il me présentait : nous en trouverons peut être plus d'une de ce genre parmi celles qui sont là. »

Tout le monde de Boukhariens, Khiviens, Kirghizes s'en va pieusement chaque jour à la mosquée prier le Dieu de Mahomet de faire de bonnes affaires aux dépens des Russes ; l'un deux m'a dit un jour que le vol est une chose très blâmable, mais que le péché diminue sensiblement d'importance quand le volé est un chrétien et le voleur un musulman. Je lui demandai aussitôt si la réciproque était vraie ?

Chaque soir ils s'en vont tous souper dans les restaurants : là, on se grise, on joue, on fait du bruit avec les femmes des cafés-concerts. Les scandales furent si nombreux que le gouverneur interdit pendant toute une année aux femmes de venir chanter dans les concerts de Nijni-Novgorod. On aima moins cette année-là, mais on but davantage.

Régulièrement toutes les lettres de charges rela-

tives à la foire devant être soldées à la fin d'août :
le 10 septembre, on ferme les bureaux et les magasins qui restent clos et vides jusqu'au mois de
juillet de l'année suivante. Longtemps encore, le
port de Nijni-Novgorod est encombré de marchandises, mais la vie a cessé dans le champ de foire
où toute lumière est désormais interdite. La ville
reprend alors son aspect calme et l'on ne voit plus
dans les rues la même mosaïque de couleurs, de
types et de costumes.

J'arrivais un jour à Nijni-Novgorod à pareille
époque, la foire étant terminée depuis quelques
jours. Dans la gare, il y avait cependant beaucoup
de monde : nous étions en septembre et les touristes
venaient encore nombreux sur les bateaux de la
Volga. Chaque compagnie de bateaux avait ses
agents à la gare qui se disputaient les voyageurs,
ceux-ci tiraillés par les uns et poussés par les autres
se laissaient le plus souvent persuader par l'homme
qui criait le plus fort : je fus ainsi pris d'assaut par
un géant à barbe blonde qui m'imposa après avoir
bousculé ses rivaux un billet pour Astrakhan de la
compagnie Caucase-Mercure. Je me rendis alors au
champ de foire par le long faubourg de Kounavino
qui, avec ses hôtels, ses fabriques, ses églises, semble former une ville à part. Beaucoup de boutiques
y avaient déjà été abandonnées et les plus grands
hôtels bondés pendant la foire étaient fermés depuis
quelques jours. De grosses voitures passaient pleines
de marchandises qu'on menait à la gare ; sur le port,
d'énormes ballots étaient jetés dans la cale des
bateaux. Une animation extraordinaire y régnait ;

les marchands bousculaient et pressaient les travailleurs : l'hiver vient vite en Russie, et l'on n'avait
plus beaucoup de temps pour expédier les marchandises.

J'étais dans une mauvaise voiture dans la banquette
de laquelle se trouvaient de profondes cavités. Je
dis au cocher d'arrêter devant l'hôtel du gouvernement qui s'élevait devant le champ de foire.

« Tu arrives en retard, mon oncle, me dit mon
cocher avec un gros rire, il y a plus de huit jours que
tout est fini ! »

Je payai le cocher, il était d'une saleté repoussante ; j'avais là, pour employer son jargon, un
« neveu » bien dégoûtant, et je gagnai le champ de
foire, vide et sans vie. Oh ! la singulière impression
que me firent ces longues rues droites et désertes où
l'on apercevait personne, ces maisons fermées, ce
silence interrompu seulement par le vol et les cris
d'une bande de corneilles noires et de corbeaux gris.
Quelquefois j'apercevais à une porte un gardien qui
dormait assis sur le trottoir et couvert d'un manteau
en peau de mouton, il me semblait qu'il dormirait
jusqu'à la foire nouvelle ; son chien couché auprès
de lui, surpris de voir encore un étranger, dressait
les oreilles, mais n'avait même plus la force d'aboyer.
J'aurais pu me croire dans une ville morte, et encore
le mot n'était vrai qu'à moitié : la foire ressemblait
à une grande ville qu'un peuple effrayé par un danger
subit avait quitté en pleine vie, en pleine fête.

En pleine fête en effet, car de grandes affiches sur
les murs annonçaient des représentations théâtrales ;
un cirque américain donnait les portraits de ses

écuyères et de ses clowns ; des réclames exposaient
au public les noms des chanteuses connues, russes,
viennoises ou parisiennes engagées au café-concert
de la foire. Les maisons petites se succédaient toutes
pareilles avec leur porte cerclée et leurs fenêtres
mansardées. Des annonces, en caractères rouges,
bleus ou noirs, quelquefois même en lettres d'or, servaient d'enseigne à chaque commerçant, toutes en
russe, quelques-unes pourtant en français ou en allemand, en persan ou en chinois.

Tout à coup un gardien qui se promenait à pas
lents, me demanda ce que je cherchais. Je lui
répondis que je visitais le champ de foire, et comme
mon cocher, il s'écria :

« Tu viens trop tard », — seulement au lieu de me
nommer son oncle, il m'appela petit père, puis,
désireux d'engager conversation, il se promena avec
moi : il portait de grandes bottes en feutre de mouton, un bonnet d'astrakhan gris, et une longue
houppelande serrée à la taille par une ceinture d'étoffe
rouge.

« De quelle ville es-tu ?

— De Paris. Sais-tu où ça se trouve Paris ?

— Peuh ! me dit-il, je suis un homme obscur, je
ne sais pas exactement, mais pour sûr, c'est une
ville de la Russie du sud où les gens riches vont faire
la noce tout leur saoûl. C'est si grand la Russie ! »

Le brave homme la faisait encore plus grande
qu'elle n'était.

« Tu dois t'ennuyer ici maintenant que la foire est
finie !

— Bah ! on ne peut pas être la même semaine dans

deux mois différents, me répondit le gardien !

— C'était beau, cette année, la foire ?

— Comme toujours, il a fait beau un jour et il a plu le lendemain, et le moujik n'en est pas plus riche aujourd'hui ! »

A ce moment dans une rue perpendiculaire à celle que nous suivions, j'aperçus deux Chinois, un vieux et un très jeune, jouant aux cartes assis, sur un trottoir. Je demandai au gardien s'il les connaissait. Il me répondit que c'était des marchands de Kiakhta dont un accident avait retardé le retour. Je voulus leur parler.

« Eh ! les bêtes sauvages, cria le moujik, voilà un individu, un espèce d'allemand, un…, le diable sait peut-être quoi ! qui veut vous parler. »

Les Chinois ne bougèrent pas.

« Ces animaux-là comprennent le russe moins bien que les chiens, ajouta le Russe entre ses dents. »

Je m'approchai des Chinois et je leur demandai à quel jeu ils jouaient.

« Tu entends, s'écria le moujik, dis à quel jeu tu perds l'argent que tu as volé aux Russes. »

Le Chinois me répondit en anglais, mais je ne saisis pas bien le sens de ses explications que je voulus lui faire répéter, il me regarda, son œil pétillant de malice et il me dit simplement :

« C'est inutile, ce jeu est trop simple sans doute pour être compris par un européen ! »

Et il continua de jouer. Son adversaire, un jeune Chinois, fit coup sur coup toutes les levées sauta tout joyeux en criant et se mit à danser bruyamment. Ce fut si inattendu que le gardien en resta stupéfait, tandis que les corbeaux et les pigeons qui picoraient autour de nous s'envolaient effrayés. Le vieux Chinois riait de tout son cœur, égayé par son compagnon qui continuait sa mimique désordonnée.

Le Russe les crut fous sans doute, car il me les montra du regard, puis se frappa le front plusieurs fois avec le doigt, en se servant d'une expression russe entre toutes :

« Tout le monde n'est pas à la maison ! »

CHAPITRE II

KAZAN. — UN MARIAGE TATAR. — UNE GRANDE FÊTE
RELIGIEUSE

Entre Nijni-Novgorod et Kazan, le voyage est peu
intéressant, mais toutes les petites scènes qui se
passent à bord sont amusantes et les escales pré-
sentent toujours de l'intérêt. Le pays est habité par
des Russes, des Tatars, des Tchouvaches et des
Tchérémisses : ce sont ces derniers que l'on voit le
plus rarement et qu'on désirerait surtout voir : ils
sont, d'ailleurs, fort laids, bruns de peau, ils ont le nez
aplati, les pommettes saillantes et les yeux bridés.
Les hommes paraissent affreux jusqu'au moment où
l'on aperçoit leurs femmes; dès qu'on voit celles-ci,
on ne peut hésiter à leur accorder la palme de la
laideur : coiffées d'un chapeau pointu, elles portent
sur la poitrine une sorte de plastron, couvert de
pierreries, de monnaies, et d'amulettes de forme et
de nature bizarres; morceaux de bois sculptés, dents
de loup, griffes d'ours, plumes de milans ou de
hiboux. Les Thérémisses ont été convertis et baptisés
par les popes, et les statistiques les rangent aujour-
d'hui parmi les orthodoxes, mais il n'y a bien souvent
rien de plus menteur que les statistiques. Les sauvages ont accepté le nouveau dieu qu'on leur appor-

tait; ils n'ont pas douté de sa puissance ni de sa divinité.

« Il y a tant de mauvais esprits qui gouvernent le monde, me disait l'un d'eux! Il y en a toujours un de plus qu'on ne croit! »

Le Dieu du pope a donc complété le cycle déjà si nombreux des dieux et les Tchérémisses continuent à pratiquer dans les forêts leur vieux culte chamaniste. Ils craignent les mauvais esprits qui passent invisibles en quête d'une âme a dévorer et toujours prêts à tourmenter les hommes. Certains voyageurs disent qu'ils croient à la vie future, à la rémission des péchés par les sacrifices, ce sont là des idées bien compliquées pour des gens aussi primitifs et d'intelligence aussi bornée. Ils font simplement des sacrifices parce qu'ils se sentent faibles et vaincus d'avance par les forces de la nature qu'ils ne peuvent comprendre et que pour cette raison ils ont divinisées. A leur avis, Dieu est cruel et mauvais pour les hommes et c'est là d'ailleurs une idée commune à tous les peuples primitifs. Lorsqu'ils se marient, ils vont voir leur sorcier avant de se rendre chez le prêtre russe. Quand deux époux veulent divorcer, on les lie l'un à l'autre dos à dos, et le plus vieux du village coupe ensuite les cordes avec son couteau; aucun lien n'unit plus désormais les époux.

Les Tchouvaches sont parfois nombreux aux escales de la province de Kazan, ils ont eux aussi un type finnois assez accentué, mais ils s'habillent comme les Russes dont ils ont pris les habitudes et dont on ne les distingue pas toujours. Ils sont très doux et cherchent à passer inaperçus.

2.

Les Tatars au contraire aiment à se montrer ; ils sont nombreux, car dans la province on en compte près d'un million et demi. Leur type est resté très pur et ils ne se sont guère mêlés aux autres races de la Russie orientale. Ils vivent dans les villes, car leur nature les pousse au commerce, et, quand ils habitent les villages, ils ne sont jamais agriculteurs, mais toujours marchands et usuriers, et excellent dans les deux métiers.

L'arrivée à Kazan est peu attrayante : la rive est plate et sale, bordée de maisons faites de planches noires et bâties sur pilotis ; des marchands vendent en plein vent et à grands cris des objets de piété, des images, des gâteaux, du pain, du lait, de la charcuterie, et des mendiants et des infirmes étalent aux yeux du passant les plaies les plus immondes, les blessures les plus épouvantables. Les voitures qui sont à la disposition des voyageurs désireux d'aller visiter la ville, semblent dater des siècles passés, tant elles sont abîmées, dégoûtantes et inconfortables ; les cochers paraissent même d'une époque encore plus ancienne, à en juger par leur incroyable saleté. Cahoté sur une mauvaise route, fatigué par la vue d'une grande plaine noire et désolée, on atteint enfin, couvert de boue ou de poussière, selon le temps qu'il fait, la ville et l'hôtel situé dans la rue principale.

Kazan est une ville très ancienne ; on sait qu'elle fut détruite en 1396 par le prince Vassili Dmitrievitch ; reconstruite elle devint la capitale d'un khanat tatar que fonda Oulou-Makhmet. Les khans qui lui succédèrent firent souvent la guerre aux Russes et persécutèrent cruellement les chrétiens. Les tsars tentèrent souvent de défendre ces derniers ; Ivan IV prit la ville en 1552 et s'empara du khanat tout entier. On put croire qu'un avenir tranquille était enfin assuré aux habitants de Kazan, mais en 1774 le Cosaque Pougatchev, qu'a popularisé dans le monde entier la jolie nouvelle de Pouchkine, la *Fille du capitaine*, s'empara de Kazan qu'il détruisit de fond en comble. La ville entière est aujourd'hui de construction moderne, même la citadelle ; les incendies ont achevé de détruire les curiosités du passé, et Kazan n'est plus qu'une très grande ville, assez triste, peu intéressante avec ses longues rues droites et toutes semblables, et ces vastes maisons, pareilles à des casernes quelconques, sans style et sans originalité. Au genre ennuyeux, appartient aussi, au point de vue architectural, l'université ou enseignèrent des professeurs fameux et dont beaucoup d'étudiants devinrent à leur tour des maîtres célèbres. Kazan est en effet une des douze villes russes où des universités aient été organisées : les onze autres universités sont Pétersbourg, Moscou, Varsovie, Odessa, Kiev, Kharkov, Vilna, Dorpat, Tiflis dans le Caucase, et Tomsk en Sibérie. D'ailleurs les habitants de la ville se piquent d'avoir des lettres, et un écrivain russe prétend que l'on étudie à Kazan avec passion les langues étrangères ; j'ai cru m'apercevoir que les habitants de Kazan ont surtout aujourd'hui la passion du jeu.

La citadelle ou Kremlin aurait été fondée par le khan Oulou-Makhmet dont nous parlions tout à l'heure mais elle fut plusieurs fois détruite ou incendiée, et après tant d'avatars ce qui en reste n'est pas très intéressant. La tour Soumbéka qui fait partie du Kremlin doit sa célébrité à une légende très populaire à Kazan : la princesse Soumbéka, désespérée de voir sa patrie ruinée et sa propre puissance détruite, se serait précipitée du haut de la tour qui porta depuis son nom. Soumbéka mourut, selon l'histoire, captive à Moscou, mais la légende a semblé plus intéressante que la vérité et elle est restée populaire. On dit aussi qu'un saint tatar aurait été enseveli sous la tour, et qu'une source miraculeuse jaillirait de son crâne : j'ai voulu constater ce miracle, mais chaque fois qu'on me parle de miracles, et que je m'empresse d'aller les vérifier, j'arrive trop tard et sans succès. Je croirais même volontiers que la légende donne à la tour un âge beaucoup trop vénérable.

Kazan s'est trouvée, après l'ouverture de la ligne de Sibérie, un peu à l'écart des grandes routes commerciales internationales, mais une voie ferrée la réunit à Moscou et sera prolongée jusqu'à l'Oural. La commission des chemins de fer vient de décider la création d'une voie ferrée presqu'en ligne droite entre Saint-Pétersbourg et Kourgane en Sibérie. Cette ligne existera bientôt entre Saint-Pétersbourg et Viatka ; on a décidé de la faire passer sur la Kama aussi au sud qu'il sera possible, afin que le pont monumental que l'on construira sur la large rivière puisse servir ensuite à la future ligne qui réunira dans un avenir prochain Moscou et Kazan à la région de l'Oural. Le commerce de la province se développera alors plus facilement, il est déjà très important, on fabrique à Kazan beaucoup de cuirs, des draps, des cotonnades, des savons; la plus grande partie du commerce de la Kama passe par Kazan qui a aujourd'hui environ 150.000 habitants.

J'ai visité la ville plusieurs fois déjà, j'y ai même vécu une fois plus d'un mois, et j'ai noué quelques relations intéressantes avec les musulmans. Le quartier des Tatars de Kazan garde toujours un caractère bien spécial; les rues poussiéreuses sont remplies de gens vifs et alertes. On ne peut pas dire que les Tatars de Kazan soient laids, ils sont de taille moyenne et bien proportionnés; ils ont en marchant des attitudes curieuses, et ce qui frappe surtout dans leurs poses, c'est l'harmonie des gestes et la pureté des lignes. Un Russe ne saurait porter un fardeau avec la grâce et l'aisance de certains Tatars. Ils ont la poitrine large, le cou un peu court, leurs yeux sont noirs et brillants, les pommettes ne sont pas trop saillantes, les lèvres souvent minces, la barbe peu épaisse et généralement rasée.

Les femmes sont beaucoup plus séduisantes qu'on ne le croit; elles le savent d'ailleurs très bien, et si la loi de la religion leur défend de découvrir leur visage, elles le montrent quelquefois, très gracieusement, à l'étranger, quand les maris ne regardent pas. J'en vis qui me plurent beaucoup. Leurs yeux sont souvent vifs et malicieux, elles ont les cils et les sourcils teints, de même que les dents et les mains: les dents sont noircies et les ongles rougis au henné. Les femmes ne savent travailler qu'à la maison, où, sans cesse assises, elles font des travaux manuels; boire du thé en mangeant des aliments gras ou des friandises très sucrées leur prend tout leur temps. Elles deviennent à ce régime de grosses boules de graisse et ne savent plus marcher dans les rues. Les Tatars aiment les femmes très grasses, comme les marchands russes, d'ailleurs, et dans leur enthousiasme pour ce genre de beauté, ils m'ont plus d'une fois rappelé le notaire Aristide Fressard d'Alexandre Dumas fils, qui disait :

« Oui, ma femme est grasse, mais vous savez, quand on aime bien une femme, plus il y en a !... »

Les Tatars portent une chemise blanche ou bleue, puis un long vêtement sans manches en nankin vert ou jaune chez les pauvres, et chez les riches en soie éclatante et bigarrée ; ils mettent ensuite par-dessus une robe de chambre en étoffe de Boukhara. Sur la tête, ils ont une petite toque surmontée d'un bonnet quelquefois orné de castor ; les prêtres portent le turban blanc. Ils aiment tous les bagues, les pierreries vraies ou fausses, les ceintures à plaques de métal, ornées de turquoises, d'améthystes ; les femmes partagent leur passion pour les bijoux et portent en collections des bagues, des boucles d'oreille et des colliers.

Je m'étais lié surtout avec un maître d'école tatar. Les écoles de Kazan sont célèbres parmi les musulmans et beaucoup de prêtres de Russie orientale et de Sibérie y ont étudié. Les élèves y apprennent à lire en langues tatare, arabe et persane. Les maisons d'écoles sont construites presque toujours par un généreux donateur, et d'autres Tatars se chargent d'en payer les frais chaque année. Les maîtres reçoivent de leurs élèves des dons et de

l'argent. Ils sont le plus souvent, à la fois institu-
teurs, prêtres et médecins. Près de l'école, il y a
toujours une mosquée.

A chacune de mes visites, le maître m'accueillait
en vieil ami : dès mon arrivée, il me faisait servir

Fig. 3. — Prêtres tatars.

du thé et du salma, c'est-à-dire du mouton bouilli.
Sa maison ressemblait à toutes les maisons tatares ; elle était divisée en deux parties séparées
par un vestibule destiné à la prière ; dans la pièce
où je m'asseyais, il y avait une table, quelques
chaises, un lit bien large abrité par des rideaux, un
petit buffet chargé de tasses et de plats, et près de
la porte, deux cuvettes l'une pour le mari, l'autre

pour la femme, car la loi religieuse leur interdit de
se servir de la même.

Mon ami me pria un jour d'assister au mariage
d'un de ses cousins. Chaque Tatar peut avoir cinq
femmes, sans parler des concubines, mais un
pareil luxe est cher, car les gendres donnent toujours au beau-père une dot en argent comptant. Il
est rare qu'un Tatar ait plus de deux femmes, j'en
ai pourtant connu un qui en avait trois. Il existe
encore à la foire de Nijni-Novgorod un singulier
commerce : des marchands venus du Turkestan
vendent, contre de grosses dots, de jolies et très
jeunes filles qu'ils ont amenées de Boukhara.

Pendant que nous nous rendions à la maison du
nouvel époux, Ali, le maître d'école, me donnait
quelques renseignements sur le mariage chez les
musulmans de Kazan. Son cousin voulait se marier
depuis longtemps et il s'était adressé pour cela à
une entremetteuse, courtière en mariage. Il appar-
tenait à une famille respectueuse des vieux usages,
et il devait voir pour la première fois le jour de son
mariage, la jeune fille qu'on lui avait choisie ; la dot,
le kalym, pour l'appeler par le nom qu'on lui donne
depuis les monts Ourals jusqu'au Pacifique, avait été
payée déjà à moitié.

« Quand paiera-t-on le reste, demandai-je ?

— Quelques jours après le mariage, me répondit
Ali. Vous allez assister à une partie des fêtes du
mariage, mais depuis huit jours déjà ont commencé
les réjouissances, auxquelles d'ailleurs ne peut
prendre part la fiancée. Il y a pourtant eu une réu-
nion où les femmes, seules admises, ont remis leurs

cadeaux à la jeune fille et ont ensuite mangé le plus
qu'elles ont pu. — Ali poussa alors une exclamation
et me dit : « Voyez, ils arrivent, les voilà ! »

Nous étions devant la maison du jeune homme
qui, au même moment, amenait en voiture sa jeune
femme : celle-ci se cachait le visage sous son manteau. Une chemise blanche pendait à la douga de
la voiture.

Le jeune homme me conduisit dans sa maison,
tandis que la marieuse entraînait vivement la nouvelle épousée : il me fit admirer les cadeaux reçus
parmi lesquels je déposai quelques pièces d'argent.
On nous servit alors une vingtaine de mets différents, tous plus gras les uns que les autres. Il y avait
entre autres un énorme plat de pilaf, où de petits
morceaux de mouton nageaient dans du riz, excellent d'ailleurs, parfumé par quelques carottes, des
raisins secs, un gros coing et des abricots sauvages. Nous mangions sans assiette, chacun puisait
dans le plat avec une petite cuillère en bois de bouleau, s'aidant des cinq doigts de la main.

Tout à coup à ma grande stupéfaction, les invités
repus se mirent à cracher autour d'eux dans la salle
pour bien prouver à leur hôte qu'ils étaient rassasiés
et jetèrent des pièces d'or, d'argent ou de cuivre,
selon leur fortune, sur la nappe couverte de riz et
de viande : c'était là le cadeau offert par les invités
à la fiancée. Le père de la jeune fille remercia aussitôt ; le prêtre, le moullah, lui demanda alors si le
kalym avait été complètement payé, et sur sa
réponse affirmative, les prières commencèrent. Le
jeune homme qui était allé porter des pièces de

monnaie à sa fiancée, revint nous remercier en son nom. Ali me raconta que, quelquefois, le fiancé annonce que sa fiancée a trouvé les cadeaux insuffisants, et dans ce cas chaque invité ajoute un petit supplément à l'offrande qu'il a déjà faite.

Ali me dit alors que nous devions partir ; les invités en effet s'en allaient les uns après les autres, quelques-uns étaient très gais, et deux d'entre eux s'étaient endormis dans la chambre.

C'était l'heure où la marieuse devait conduire le jeune homme dans la chambre nuptiale où son épouse l'attendait déjà ; selon l'usage, elle l'y enferma et pendant quatre jours elle eut seule le droit de pénétrer près des jeunes époux.

Quatre jours après, allant faire mes adieux à mes amis les Tatars, je rencontrai la marieuse, et je lui demandai des nouvelles. Elle se mit à rire et me dit :

« Lorsque tout à l'heure je leur ai donné la clef des champs, ils étaient complètement d'accord et ne voulaient pas quitter la chambre où je les avais enfermés ! »

Elle avait été bien contente des cadeaux que lui avaient offerts les familles des nouveaux mariés : le jeune homme était riche, et elle s'était déjà mise, me dit-elle, à sa disposition pour le jour où il se déciderait à prendre une seconde femme. Elle m'avoua que le métier de marieuse n'était plus aussi bon qu'autrefois, mais qu'on y trouvait pourtant une double joie, celle de faire le bonheur des gens, et celle d'y trouver de petits profits. Je l'en félicitai vivement, et lui promis en riant de donner son adresse à mes amis !

J'étais très surpris, ce jour-là, en parcourant la ville, de rencontrer un grand nombre de mendiants dans les rues, des mendiants russes bien entendu, car les Tatars n'aiment pas à tendre la main, et lorsqu'ils sont réduits à la misère, ils aiment mieux vendre aux passants des citrons et des pastèques que demander la charité. Il y a toujours beaucoup de mendiants dans les villes russes, mais jamais je n'en avais tant vu, et je me demandais pour quelle raison ils s'étaient ainsi rassemblés ; la ville que j'avais toujours vue si tranquille n'avait plus l'aspect que je lui connaissais.

Ali, qui m'avait invité à déjeuner, me demanda pourquoi j'avais ainsi fixé mon départ à la veille même de la plus grande fête religieuse de la Russie orientale, et il me conseilla de remettre de quelques jours mon voyage. Je lui promis de suivre son conseil.

Il me donna de suite l'explication du mouvement que j'avais constaté dans la ville et de la présence des mendiants dont le nombre m'avait tant étonné : nous étions à l'avant-veille de la fête de Notre-Dame de Smolensk, et, pauvres et riches, les paysans de la province et ceux des gouvernements voisins étaient venus à Kazan, quittant leurs maisons et leurs champs pour saluer à son entrée dans la ville la plus vénérée de toutes leurs icones.

En rentrant à l'hôtel, je rencontrai le maître de police, qui me confirma ce que m'avait raconté Ali et qui se mit à ma disposition pour me faire voir le lendemain la fête dans tous ses détails.

Le garçon de l'hôtel me dit le soir :

« Vous faites bien de ne pas partir, car vous verrez demain la sainte image, c'est la plus puissante de toutes les icones de Russie ! »

Et le garçon en prononçant le nom de Notre-Dame de Smolensk, fit un grand signe de croix. C'était un homme très bien, mais un grand voleur tout de même, et les voyageurs de passage dans l'hôtel s'en étaient aperçus depuis longtemps.

*
* *

Vers la fin du xv° siècle, un homme arriva à Kazan : c'était un bien pauvre homme, car son unique richesse consistait en une icone, représentant Notre-Dame de Smolensk : il était né en effet dans la province dont le chef-lieu est Smolensk, aujourd'hui grande ville de la Russie centrale. Ce n'était pas la richesse de Kazan qui l'attirait et il ne voulait être ni ouvrier ni marchand. Épris seulement de solitude et de vie contemplative, il chercha, dans les environs de la ville, le désert qui pouvait convenir à ses goûts, priant longtemps Dieu à deux genoux de le vouloir bien guider dans ses recherches.

Il arriva un jour dans un lieu solitaire et sauvage, appelé le désert des Sept-Lacs : il était accablé de fatigue et tourmenté par la faim, mais il oublia ses misères en priant et s'endormit doucement du sommeil du juste. Il vit alors en songe une flamme sortir de terre à l'endroit où Dieu lui ordonnait d'élever son ermitage et, dès son réveil, il y courut. Là se trouvait un grand chêne séculaire qui portait, suspendues à ses branches, des offrandes faites aux faux dieux par les Tchéremisses idolâtres ; ces offrandes impies avaient souillé le pays, mais, à la prière du saint homme, un éclair traversa le ciel serein, un coup de tonnerre formidable se fit entendre longuement répété par les échos des environs : un craquement retentit, le chêne, frappé par la foudre, chancela et s'effondra sur le sol, tandis qu'une flamme vengeresse allumée par Dieu consumait les branches, le tronc et les racines de l'arbre dont rien ne resta, pas même un peu de cendres. Le feu avait ainsi purifié l'endroit profané et sanctifié la retraite destinée par Dieu à l'ermite.

Celui-ci vécut longtemps, solitaire, loin du bruit et loin des hommes ; il accueillait pourtant les malheureux qui venaient lui conter leurs peines, les réconfortait, les conseillait, pleurait et priait avec eux. La renommée de ses vertus s'étendit au loin, et attirés par son exemple, d'autres ermites vinrent le rejoindre et méditer à ses côtés dans le désert. C'est alors que l'évêque de Kazan, plein d'admiration pour le caractère du saint homme, l'envoya chercher, lui donna l'ordre de vivre à la ville, et l'attacha à sa personne. L'évêque cependant décida qu'un monastère serait fondé aux Sept-Lacs et qu'une église y serait construite en l'honneur de Notre-Dame de Smolensk. Des ouvriers se mirent aussitôt au travail, le monastère et l'église furent achevés rapidement. On y porta solennellement l'image, et celle-ci déjà se montra miraculeuse : le chemin de Kazan au monastère était mauvais et difficile, mais dès qu'un des croyants se sentait las, il n'avait qu'à porter un seul instant l'icone pour que sa fatigue disparût et se changeât en un délicieux bien-être.

Des années s'écoulèrent. L'évêque et le saint ermite étaient morts depuis longtemps lorsque tout à coup éclata dans la ville la plus horrible des épidémies, la peste; Kazan, les villages voisins, la province entière, tout devint la proie du terrible fléau. Les morts trop nombreux, hélas! pour être enterrés, étaient dévorés par les chiens et les loups. Le peuple, perdant confiance en ses médecins, les massacrait. Des prières publiques furent dites, mais en vain : le désespoir avait envahi la province. Un prêtre de la ville songea alors comme suprême recours, à l'image vénérée apportée jadis de Smolensk par le saint ermite défunt et chacun mit en elle sa dernière espérance. Le peuple entier quitta la ville pour aller chercher l'image au monastère des Sept-Lacs et la rapporta en priant à Kazan. Là, dans chaque maison où elle pénétra, elle rendit la vie aux mourants et la santé aux malades : la peste, vaincue par elle, disparut en quelques jours.

Depuis lors, beaucoup d'autres miracles sont attribués à l'icone, et il faudrait de longues pages, si l'on voulait les énumérer tous. Elle est bonne et pitoyable pour les affligés, mais elle a, il faut bien le dire, une volonté énergique, qui se manifeste de façon très apparente. On l'a constaté plus d'une fois. Bien souvent en effet, elle a quitté toute seule l'église où l'on venait de la porter et dans laquelle il ne lui plaisait pas de rester, et elle est revenue d'elle-même à son monastère de prédilection. Quand, au contraire, elle se plaît dans un endroit, ou qu'elle juge bon et utile d'y rester, on ne l'en enlèvera pas malgré elle, elle se fait alors si lourde que les porteurs, fatigués et découragés, comprennent et respectent sa volonté.

Chaque année, au printemps, on transporte en grande pompe à Kazan la sainte image, au jour anniversaire de la guérison de la peste ; c'est pour une la ville et pour la province entière la plus grande fête de l'année. On va chercher l'icone au monastère des Sept-Lacs. Arrivée à Kazan, Notre-Dame de Smolensk séjourne tour à tour dans les églises de la ville, et rend visite dans leurs demeures aux malheureux trop malades ou trop impotents pour sortir de chez eux et pour aller la prier. La veille de l'entrée solennelle, elle quitte le monastère des Sept-Lacs, précédée d'une icone moins vénérée et passe la nuit à une lieue de Kazan dans le petit couvent de Kijitz.

Pour célébrer une aussi grande fête, tous les habitants de la province et même ceux des provinces voisines semblent s'être donné rendez-vous. Ils quittent sans hésiter leurs maisons et leurs récoltes à une époque de l'année où leur présence est pourtant presque indispensable à leurs champs. Les plus riches prennent avec eux leurs économies pour les dépenser au besoin, les plus pauvres partent gaiement avec leur belle insouciance russe, ils n'ont qu'un but, atteindre Kazan, voir la fête. Ils ne pensent ni aux moyens d'y parvenir, ni à la possibilité d'en revenir ; ils feront à pied vingt, trente lieues, cinquante même, s'il le faut, dormant à la belle étoile et mendiant partout où ils pourront.

C'est ainsi que, même dans des provinces éloignées, des centaines de malheureux attendent ardemment la date de la fête : malades, infirmes, ils se traînent sur le chemin, un bâton dans la main, et dans l'autre un mouchoir renfermant des provisions pour le voyage ; l'espérance seule les soutient et les guide. La guérison est là, ils ne peuvent pas en douter ! Si la mort les prend en voyage, c'est que Dieu en a décidé ainsi et nul n'y pourrait rien changer. Et d'ailleurs, quand on souffre, qu'importe l'endroit où l'on meurt ! S'ils reviennent, au contraire, après avoir vu la sainte image, mais sans qu'elle ait daigné les guérir, ils ne lui en gardent pas rancune : elle a, pensent-ils, des raisons qu'ils ne peuvent comprendre ni connaître ; c'est peut-être un temps d'épreuves nouvelles auxquelles elle les veut soumettre encore, avant de leur apporter la consolation et le secours espérés. Ils ne regrettent donc pas leurs forces perdues et leurs dernières ressources dépensées : ils referont le voyage, l'an prochain, car c'est l'an prochain seulement que Notre-Dame a décidé de les guérir : douce confiance et soumission tranquille à la volonté divine, toute l'âme du peuple russe est là !

Sur toutes les routes roulent des voitures : antiques tarantas où l'on voyage couché dans le foin ou la paille, télègues incommodes, à moitié défoncées avec lesquelles on verse aux endroits dangereux. Autour de ces primitifs équipages se traînent, péniblement et souvent pieds nus, des piétons harassés. Les pèlerins logent la nuit dans les mauvaises et sales auberges des faubourgs de Kazan, dormant

en tas dans les cours, le long des jardins publics,
dans les fossés du Kremlin, on ne sait où ! Quelques
Tchouvaches à l'air honnête, timides et intimidés,
quelques Tchéremisses, sauvages et défiants, habillés d'étoffes qui furent blanches autrefois, tous
devenus orthodoxes par le baptême, mais restés
païens par nature et par habitude, quittent leurs
forêts, eux aussi, attirés par les récits des popes
et des paysans, et viennent à Kazan pour voir l'icone
qu'ils considèrent comme l'idole la plus puissante
·de leur religion nouvelle.

Le jour même où, quittant le monastère, l'icone
devait passer la nuit, au couvent de Kijitz, je
m'y rendis avant les pèlerins. Ceux-ci s'étaient
partagés en deux groupes. L'un, composé des gens
les plus paresseux ou les moins éprouvés par les
douleurs de la vie, attendaient tranquillement l'icone
devant le couvent, sur la route poussiéreuse ; l'autre
était allé la chercher au monastère des Sept-Lacs.
Chaque année, les moujiks, pour attendrir Notre-
Dame ont deux ambitions : les uns se disputent
l'honneur de porter l'icone et au besoin se battent
pour y parvenir, les autres se bousculent dans le
clocher du couvent pour mériter la faveur de sonner la cloche à son arrivée. Le peuple russe a beaucoup de croyances semblables et dangereuses même
parfois. Lorsqu'a lieu chaque année, avant la fonte
des glaces, la bénédiction des eaux, on fait un trou
dans la glace et le prêtre bénit le fleuve. Chaque
moujik accourt avec sa bouteille pour boire un peu
d'eau, et à Moscou j'ai vu la police sur pied pour
empêcher les plus superstitieux de prendre un bain

3.

dans l'eau glacée de la Moskova. Nul ne peut comprendre que ce bain serait suivi d'une fluxion de poitrine : le prêtre a béni la rivière, l'eau ce jour-là est donc devenue inoffensive.

J'arrivai à Kijitz et, grâce à la complaisance du maître de police, je pus traverser la foule et entrer dans l'intérieur du couvent.

Autour du couvent, du haut du clocher, j'aperçus dans la steppe dénudée tout un peuple de pèlerins ; le soleil était brûlant et, à l'horizon, les clochers du Kremlin de Kazan, les églises et les mosquées se détachaient délicatement et bizarrement sur le ciel bleu. Dans la direction opposée à la ville, un énorme nuage s'avançait, cachant sous son épaisseur opaque la foule qui le soulevait. Le nuage courait, tourbillonnait, c'était comme un cyclone menaçant. Les Russes, pendant les processions religieuses, vont en effet à toute vitesse.

Devant la porte principale du petit couvent, se tenaient des prêtres revêtus de leurs plus beaux ornements sacerdotaux. Tout à coup les cloches retentirent et les diacres chantèrent ; chaque pèlerin s'était découvert, tête nue sous le soleil ardent ; déjà les porteurs de bannières passaient devant nous, puis une image sainte portée par huit hommes. Seule ce jour-là Notre-Dame de Smolensk avait le droit d'entrer par la porte d'honneur ; elle approchait portée par tout un groupe d'hommes serrés, collés les uns contre les autres, effroyablement sales, couvers de sueur et de poussière. Suivie des prêtres, des autorités et de quelques privilégiés comme moi, l'image pénétra dans le couvent. Brusquement, brutalement même, les gardiens fermèrent toutes les portes contre lesquelles les fidèles qui voulaient entrer vinrent silencieusement briser leurs efforts. Venus pour la cérémonie, ils voulaient voir de plus près cette vierge qui apportait pour une nuit au petit couvent de Kijitz le souvenir des bienfaits passés et l'espérance de bénédictions futures !

Dans la cour du couvent, en plein air, devant le porche de l'église, les prêtres chantaient alors leurs prières ; nous n'entendions aucun cri venu du dehors, la foule restait respectueuse, mais le bruit sourd des gens qui se pressaient et haletaient contre la porte nous arrivait. Il aurait été impossible et dangereux de les laisser entrer, la cour était trop petite. Assiégés par eux, nous ne pouvions plus sortir. Au-dessus de nos têtes, volaient des nuages de poussière que les rayons du soleil traversaient difficilement.

Je visitai l'intérieur du couvent, les cimetières aux tombes nombreuses où la naïveté des inscriptions faisait sourire et n'était égalée que par la naïveté de l'orthographe, puis le jardin planté de cèdres et de sapins. J'entrai ensuite dans une grande cour, où se trouvaient les communs. Sous la porte cochère, dont la partie inférieure n'atteignait pas le sol, j'apercevais des jambes qui grouillaient. Tout à coup un bâton fut jeté du dehors de la cour, et bientôt apparut toute rieuse la propriétaire du bâton, une jeune fille ; contente de son invention, la petite paysanne rampa et pénétra dans le couvent. Son exemple fut aussitôt suivi par une autre, puis une femme plus âgée fit à son tour la même tentative, mais la nature l'avait gratifiée de plantureux appas, elle entra péniblement jusqu'à la ceinture, elle fit des efforts, mais le... reste ne passa pas, et elle se trouva fixée à terre, comme une grosse mouche bourdonnante, piquée vivante sur le carton d'un collectionneur. Elle se livrait de chaque côté de la porte, pour la joie des spectateurs, à un exercice de natation désespéré, aussi opiniâtre qu'inutile.

Le lendemain l'image entra dans la ville. Chaque année sa première visite est pour la cathédrale, située dans le Kremlin de Kazan. L'entrée du Kremlin se trouve sur une place à peu près rectangulaire ; le mur de la citadelle et le musée sont les petits côtés du rectangle, sur l'un des grands côtés est l'hôtel de ville, la Douma, d'où l'on a une vue étendue sur la steppe qu'arrose la Volga. D'une fenêtre de la Douma, je contemplai longtemps la foule. La foule russe a un aspect très original ; un caractère très spécial ; les couleurs y sont plus variées que dans les foules françaises, les hommes portent des chemises flottantes, de teinte vive, rouges surtout, et les femmes ont sur la tête des fichus rouges, bleus, verts, ornés parfois de dessins imprimés, avec des légendes racontant la vie d'un saint, une chanson célèbre, ou une histoire populaire. Les camisoles légères sont claires et voyantes, les robes sont d'une nuance moins criarde. Plus riche en couleurs que la nôtre, la foule russe est plus simple et de caractère moins complexe. Nous n'y trouvons pas l'amusante gaieté, les plaisanteries gamines, si drôles et si inattendues de notre public prêt à rire du premier chien affolé qui passe et du moindre incident ; elle ne présente pas ces détails piquants, cette succession de tableaux de mœurs si souvent observés chez nous : en Russie, la foule a presque toujours un caractère religieux ; elle obéit à une seule pensée, unique et si transparente, que sous le coup d'une émotion, également et universellement ressentie, elle donne au spectateur qui l'observe, la sensation de la grandeur la plus simple et de la plus vraie beauté.

Au signal du bourdon de la cathédrale, toutes les cloches de la ville sonnèrent ; la musique militaire précédait le cortège ; elle se rangea près du portail ; le soleil faisait étrangement étinceler les instruments. L'évêque, majestueusement escorté de son clergé, s'avança lentement au milieu des bannières, et la foule presque silencieuse auparavant, se tut tout à fait, religieuse et convaincue ; les moujiks des premiers rangs se tenaient tous fortement par la main, formant une quadruple barrière qui devait maîtriser les mouvements de la foule, composée de plusieurs milliers d'hommes. Celle-ci grave et émue, fut un moment frémissante, un remous l'agita, un frisson la parcourut ; ce fut comme un souffle gigantesque, qui s'échappa de toutes les poitrines pressées les unes contre les autres et pouvant à peine respirer : la sainte icone venait d'apparaître !

Elle était précédée du gouverneur de la province et du maire, tous deux en grand uniforme : jadis, ils la portaient eux-mêmes, mais à Kazan même, les siècles ont passé et les temps sont changés. L'évêque s'inclina devant l'image et pria. Près de lui les officiers baissèrent profondément leur front ; le maire et les fonctionnaires s'agenouillèrent, puis l'évêque lentement releva la tête et d'un grand geste bénit son peuple tout entier.

Le spectacle fut inoubliable, un soleil ardent faisait briller comme dans une éclatante apothéose, les murs blancs de la citadelle, les couleurs des costumes, l'or des ornements sacerdotaux, tandis que des milliers de têtes découvertes s'inclinaient sous la bénédiction de l'évêque et que des milliers de mains, mues par un seul et même sentiment, faisaient au même instant le signe de la croix...

J'ai vu dans mes longs voyages en Russie d'Europe et d'Asie trop de faits pour ignorer ce que sont les soirs de ces touchantes cérémonies. Ces soirs-là, l'eau-de-vie règne en souveraine maîtresse, et les ivrognes, des deux sexes, hélas ! chantent dans les rues. J'attendais la soirée avec mauvaise humeur, j'avais peur de gâter par des impressions désagréables la poésie de la journée. A ma très grande surprise, le soir venu, la ville resta tranquille et me sembla vide ; rien ne rappelait la fête du matin.

Chose curieuse, je me sentais déçu, — l'homme n'est jamais satisfait, même lorsqu'il a ce qu'il désire — j'en arrivais à penser qu'un petit ivrogne manquait au tableau : je n'eus d'ailleurs pas de peine à en rencontrer un. Le long de la citadelle, près de laquelle je marchais au clair de la lune, je trouvai enfin un brave moujik effroyablement ivre. Il cherchait en chantant à gravir un talus, grimpant comme il pouvait, et dégringolant chaque fois sans jamais pouvoir atteindre son but. Il restait, lorsqu'il tombait, quelques instants étendu, toujours joyeux et chantait. Il reprenait ensuite son exercice de gymnastique, volontaire et inutile. Un homme de la police, un sous-officier, passait en voiture, et juste à ce moment, l'ivrogne tombait une fois encore du talus. Il roula presque sous les roues de l'équipage ; le cocher n'eut que le temps d'arrêter son cheval ; furieux, le sous-officier descendit, prit l'ivrogne au collet et le coucha sur le dos dans la voiture. Il y remonta lui-même, posa, pour bien le caler, le pied sur la poitrine du moujik, et dit au cocher de le conduire au poste de police le plus proche. D'un côté de la voiture pendaient les pieds, de l'autre la tête de l'infortuné ; bousculé, effrayé peut-être, il s'était tu, mais se sentant dans l'impossibilité de tomber, il reprit triomphalement sa chanson.

Je continuai alors ma promenade autour de la citadelle ; la nuit était tombée. Dans l'ombre, je distinguai un petit groupe de gens d'où se détacha une jeune fille pour me demander l'aumône. Je m'approchai et je vis un jeune homme debout près d'un vieillard, brisé par l'âge et par la fatigue, assis sur le bord d'un fossé. La jeune fille m'expliqua qu'ils étaient venus de très loin, de la province de Simbirsk avec leur grand-père malade. Le vieux avait vu dans sa jeunesse tant de miracles dus à Notre-Dame de Smolensk, que malgré son âge, ses douleurs et ses infirmités, il avait voulu faire le voyage de Kazan. Il était sûr de guérir après avoir vu la sainte image ! Il avait assisté à la fête, et maintenant, ne voulait pas ou ne pouvait pas repartir. Je lui demandai s'il souffrait plus qu'auparavant, mais le vieillard ne répondit rien.

« Je ne peux pas savoir » reprit le jeune homme, employant cette expression usitée en Russie par tous ceux qui ont été soldats.

« Quand il parle, ajouta la jeune fille, il dit qu'il va mieux, qu'il ne souffre pas. Il semble rêver et revoit la fête et Notre-Dame qui l'a peut-être guéri ! »

Je remis mon offrande à la pauvre enfant, et je revins alors, traversant la grande place, vide à cette heure, et je pensais qu'autour de Kazan, désert et endormi, sur toutes les routes et dans toutes les directions, des pèlerins à la hâte regagnaient leurs chaumières, les uns malades, les autres fatigués, tous un peu consolés, comme ce vieux qui refusait de parler, qui ne pouvait plus partir et qui allait mourir peut-être, mais qui voulait garder le plus longtemps possible dans ses pauvres yeux fatigués et sous ses paupières closes, tout l'éblouissement de cette journée, la splendeur des chasubles d'or et le rayonnement des icones d'argent.

CHAPITRE III

LES RUINES DE BOLGARY. — LES PAYSANS
RUSSES. — SAMARA. — LES ÉMIGRANTS

C'est environ à quatre-vingt-cinq kilomètres de
Kazan, que la Volga reçoit le principal de ses affluents,
la Kama, que les musulmans de la région appellent
la rivière blanche. La Kama est longue de 1872 kilomètres ; elle a une grande importance économique,
car elle arrose des plaines fertiles et de riches
cercles miniers ; de grands vapeurs la remontent
jusqu'à la jolie ville de Parm, et ses importants
affluents, la Viatka et la Biélaïa, sont navigables,
eux aussi.

Entre Kazan et le confluent de la Kama, les rives
de la Volga sont souvent couvertes de forêts de pins
et de sapins, il y a de beaux chênes et de grands
bois de noisetiers : les paysans de la région fabriquent en effet beaucoup d'huile de noisette.

Trente kilomètres après la Kama, se trouve la
station de Spasski Zatone près de laquelle s'élèvent les ruines de Bolgary, sur la rive gauche du
fleuve. Cette station est composée d'un embarcadère et de quelques misérables cabanes construites
en bois ; elle sert de port à la petite ville de Spassk,
chef-lieu d'un des districts du gouvernement de

Kazan. Spassk et ses environs sont habités par des paysans russes, par des Tchouvaches et par des Tatars.

Mon arrivée avait été annoncée par le gouverneur de Kazan, et quand le bateau accosta, un soldat de la police écarta assez brutalement les mendiants et les curieux qui encombraient le ponton et vint se mettre à mes ordres. Il avait déjà retenu une voiture, une excellente voiture, disait-il, pour aller à Bolgary; il avait reçu la mission de veiller sur moi, et, dans ce but, devait m'accompagner à cheval jusqu'au village.

La rive étant très escarpée, la voiture m'attendait sur la crête : c'était une télègue, très vieille et très sale. Figurez-vous une primitive voiture à quatre roues ; les roues de devant placées très loin de celles de derrière étaient réunies à celles-ci par de longues perches assez flexiles en bois de tremble, qui servaient d'insuffisants ressorts à l'équipage ; sur ces perches était un panier d'osier difforme au fond duquel je m'assis, les jambes étendues sur de vieux sacs remplis d'herbe sèche. Les routes des bords de la Volga ne sont guère que des pistes grossières, des chemins de traverse à moitié défoncés et agrémentés d'ornières larges et profondes. Le tarantas dont se plaignent si souvent les voyageurs, est en effet un véhicule primitif, mais plus solide et plus confortable que la télègue, dans laquelle, constamment secoué, on saute à chaque cahot, comme une balle élastique, au grand détriment des reins, des coudes et des genoux.

Après un quart d'heure d'une telle gymnastique, je

demandai au soldat qui m'accompagnait combien de verstes nous avions à faire : cette question que je croyais toute naturelle, le remplit de stupeur. Il me fit le salut militaire et me dit :

« Je ne peux pas savoir, demandons au cocher ! »

Celui-ci était un vieux paysan à l'épaisse barbe en broussailles, barbe rousse fort malpropre, parsemée de miettes de pain. Il était incroyablement velu ; de longs poils s'échappaient de son nez et de ses oreilles, et d'énormes sourcils abritaient ses yeux, qui étaient ceux d'un brave homme. Sa façon de conduire était originale. Il excitait ses chevaux par des cris joyeux à la façon des petits russiens, les appelant ses colombes et ses petits faucons quand ils allaient bon train, les injuriant quand ils voulaient ralentir leur allure.

Je répétai donc ma question, le cocher se retourna et me répondit simplement :

« Dieu le sait, mon petit père ! D'ailleurs nous arriverons toujours ! »

Nous arrivâmes en effet, et sans avoir versé, ce qui est un bonheur très appréciable quand on est conduit par un paysan russe. Le pays était peu intéressant et assez dénudé ; les arbres étaient très rares, mais la route passait souvent entre des champs cultivés, de blé, d'avoine, de seigle, de millet et de tournesol. Il n'y a pas de village russe qui n'ait pas ses champs de tournesol : le peuple est très friand de ces graines, et même dans les grandes villes, tous les moujiks en ont les poches pleines : ce sont pour eux des friandises qu'ils mâchent et qu'ils crachent tout en marchant.

Le village d'Ouspenski près duquel sont situées les ruines, et qui peut contenir un millier d'habitants, est semblable à tous les villages russes ; la rue principale est longue et large ; horriblement sablonneuse en été, elle se change en marécage après un jour de pluie et devient impossible à traverser. Elle est coupée à angle droit par d'autres rues transversales, larges aussi, mais notablement moins longues. Sauf une ou deux, les maisons, construites en bois, sont toutes pareilles ; après chaque maison, viennent le long de la rue, une grande porte à deux battants et un hangar, suivis immédiatement d'une autre maison, d'une autre porte et d'un autre hangar. Les toits sont tantôt en bois, tantôt en chaume. Quand un incendie se déclare, tout un quartier brûle ; malheureusement les incendies sont trop fréquents dans les villages de Russie, et les paysans ne sont pas outillés de façon à pouvoir lutter victorieusement contre le feu.

Je ne vis, à Ouspenski, que peu de bêtes dans les cours ou dans les rues : des cochons, des poules et quelques vaches. Le bétail et la volaille qui font la richesse des paysans de France sont difficiles et coûteux à entretenir dans la province de Kazan ; l'hiver y est trop dur et les paysans ont rarement des provisions suffisantes pour faire vivre leurs bêtes, et c'est la raison pour laquelle leurs étables et leurs basses-cours sont si pauvrement composées.

Il y avait dans le village une chambre chez le gardien des ruines où je pus passer la nuit : la pièce, assez grande, était propre lors de mon passage. Elle était alors ornée d'images de Souzdal qui sont célèbres en Russie comme celles d'Epinal en France. Dans tous les relais de poste, même en Sibérie, les images couvrent les murs de la chambre destinée aux voyageurs. Elles représentent des scènes religieuses, des faits historiques ou légendaires, des chansons populaires, des récits ou des vers de Pouchkine ou de Lermontov.

D'autres images représentent des portraits de la famille impériale ou des chefs d'États européens. On y lit toute une leçon d'histoire et on y peut étudier les phases et les progrès successifs de l'alliance franco-russe ; dans les plus anciennes, on ne voit ni Thiers, ni le maréchal de Mac-Mahon, ni Grévy ; mais déjà un coin, dans une image plus récente était réservé au président Carnot ; quant à Félix Faure, il gagnait un rang à chaque épreuve nouvelle, et dans la dernière de toutes, il occupait une place d'honneur à côté de l'empereur d'Autriche, en faisant vis-à-vis à la reine Victoria. M. Loubet n'est pas moins bien traité que son prédécesseur, mais Félix Faure a été cependant plus populaire que lui ; les photographies du défunt président ont pénétré partout en Russie, même dans des petites villes on trouve des cigares « Felikse » Faure (les Russes prononcent Félix à la façon des gamins de Paris de Montmartre ou des Batignolles) et plus d'une femme russe a acheté un parfum appelé « bouquet du président ! »

J'étais un peu étonné de trouver en arrivant à Ouspenski un gros village au lieu des ruines que je cherchais et dont on m'avait tant parlé : celles-ci existaient pourtant, mais elles n'étaient ni très nombreuses, ni très importantes.

Les Bulgares habitaient jadis la province, et il semble que ce peuple que les historiens byzantins mentionnèrent pour la première fois sous le règne de Zénon, soit de même souche que les Huns. Ils se donnaient le nom de « Bulgares blancs. » Ils construisirent la ville de Bolgary à une époque que les savants n'ont pas déterminée. Si l'on en juge par les monuments en ruines et par les objets trouvés dans les fouilles, la civilisation de Bolgary était assez avancée. La puissance des Bulgares fut, comme on le sait, ébranlée par l'invasion des Mongols, et détruite par Timour Leng, le boiteux de fer, plus connu chez nous sous le nom de Tamerlan.

Les ruines de Bolgary furent longtemps oubliées, Pierre le Grand ordonna d'en prendre copie, et ce n'est que récemment que la Société impériale d'Archéologie s'en occupa, malheureusement trop tard. Les plus curieux monuments s'étaient écroulés déjà. Les habitants de la ville voisine et les paysans avaient enlevé les pierres tombées dans le but de construire solidement leurs maisons. L'église d'Ouspenski fut entièrement faite de pierres prises aux ruines. Il ne reste guère aujourd'hui de l'ancienne Bolgary qu'un minaret au sommet duquel on peut monter et qu'une réparation maladroite a plutôt abîmé, et une tour assez curieuse où nichent quelques centaines de pigeons ; les savants ne sont pas d'accord, les uns voient un tribunal dans la tour de Bolgary, les autres l'appellent la mosquée et un professeur de Kazan affirme qu'elle fut jadis un établissement de bains. Près de l'église orthodoxe, est une grosse tour peu élevée, recouverte d'un toit moderne et qui sert de chapelle au culte russe ; non loin de là on voit les fondations d'une très grande mosquée.

Des enfants qui me suivaient m'offrirent des objets brisés en petits morceaux et trouvés dans la terre ; des bagues, des bijoux cassés, on pourrait pourtant, je crois, découvrir des objets entiers et plus rares, si on entreprenait rationnellement des fouilles sérieuses. Les paysans ont fait déjà quelques découvertes intéressantes en labourant leurs champs et même en creusant des tombes pour leurs morts dans le cimetière même du village.

Lorsque je revins, à la tombée de la nuit, chez le gardien des ruines, j'étais un peu déçu. Ne sachant comment employer ma soirée, j'eus l'idée de demander au gardien, si, dans le village, il ne connaissait pas quelques chanteurs parmi les paysans. Sur sa réponse affirmative, je lui exprimai le désir d'entendre un concert donné par les gars du village et bientôt une quinzaine de jeunes gens arrivèrent. Je les entendis parler, discuter dans la chambre voisine et enfin exercer leurs voix et leurs accordéons : l'accordéon est l'instrument populaire par excellence du paysan russe. Il y avait aussi un violoniste.

Le gardien vint me trouver et me dit :

« Les jeunes gens sont là, mais ils sont timides : il faudrait les égayer un peu ! »

Je compris aisément le sens de ces paroles et je fis envoyer aux jeunes gens, l'eau-de-vie qui devait les égayer. Le concert cependant commença. Les chanteurs étaient très convenablement soutenus par l'accordéon ; à chaque fausse note qu'il tirait de son violon, le violoniste s'arrêtait confus, et je dois dire qu'il s'arrêtait souvent. Groupés comme les choristes sur le théâtre, ils me dirent des airs populaires, de vieilles chansons qu'ils avaient apprises enfants sur les genoux de leurs grands-pères : c'était toujours la jeune fille, la douce fiancée qu'ils célébraient « aimable comme la tranquille étoile du soir, jolie comme la zibeline lustrée, son corps est un bijou et sa voix pareille au chant printanier du rossignol ». Les mélodies, le plus souvent tristes et mélancoliques, n'étaient pas sans charme. Quelquefois elles se faisaient plaisantes, et les paroles devenaient alors naïvement scabreuses ; je me rappelle une certaine chanson de la jeune fille et du moustique, que je n'oserais pas reproduire ici. Tantôt un soliste chantait d'une voix de gorge un peu dure, tantôt tous entonnaient un chœur que quelques voix de basse soutenaient de leurs belles notes graves et pénétrantes. Nos paysans français n'auraient jamais su chanter ainsi.

Les jeunes chanteurs étaient venus en costume de travail, chemise rouge ou bleue, chaussures en écorce de bouleau ou grandes bottes en feutre. Quand je les sentis fatigués de chanter, je les fis bavarder. Je leur demandai s'ils savaient qui j'étais, de quel pays je venais, et ce qu'était la France. L'un d'eux, le plus hardi, qui semblait être le coq du village, répondit à toutes mes questions.

« Oui, là-bas, disait-il, plus loin que la mer, il y a une grande ville qu'on appelle Paris, où il y a beaucoup d'eau-de-vie, et où le paysan peut boire plus de trois fois par semaine ! »

Il ajoutait que les Français d'aujourd'hui aimaient tant la Russie qu'ils choisiraient bientôt le tsar Nicolas comme empereur.

Peu à peu chacun prit part à la conversation ; tous, ils me parlaient de leurs travaux, de la terre si bonne parfois, mais souvent si ingrate, et toujours dure à cultiver, de l'hiver pénible et trop long, pendant lequel la faim est plus terrible encore que le froid. Quel serait donc l'hiver prochain ? L'année avait été jusque-là mauvaise, l'eau rare, et la sécheresse avait brûlé les récoltes : on pouvait prévoir pour l'hiver la plus terrible des famines.

Ils contaient tout cela tristement, mais philosophiquement, et parfois disaient leurs misères avec un gros rire naïf et enfantin. On ne souffrait pas encore, avouaient-ils, pourquoi donc déjà s'alarmer, se décourager et prévoir un avenir triste au moment où le temps était beau et où l'on se sentait le cœur joyeux ?... « Les enfants n'ont ni passé, ni avenir, a dit La Bruyère, ils jouissent du présent. » Le peuple russe est un grand enfant très bon et très insouciant, il ne pense pas à l'avenir, et jouit du présent quand il peut en jouir. Bien des gens disent aujourd'hui du mal des Russes, sans plus de raison que lorsqu'ils en disaient du bien. Tous ceux qui connaissent les gens du peuple et qui savent leur parler, ne diront jamais que du bien d'eux. Ils possèdent de rares et d'inappréciables qualités.

La nuit, la belle nuit tranquille et blanche des steppes russes, était venue depuis longtemps déjà quand je donnai congé à mes chanteurs : j'étais plus fatigué qu'eux. Cette soirée joyeuse et inattendue, de

nombreux petits verres absorbés, quelques pièces
de monnaie offertes par moi et qui permettaient de
boire encore, tout cela avait donné à mes jeunes
gens une gaieté entraînante et dissipé leur sommeil ;
ils achetèrent de l'eau-de-vie, mangèrent des pastèques, errèrent jusqu'au matin dans les rues, chantant, riant, jouant comme de grands gamins, et
l'accord de leurs voix devenait plus charmant, plus
agréable à entendre à mesure qu'ils s'éloignaient.
De temps à autre, ils avaient l'aimable mais très
mauvaise idée de me témoigner leur reconnaissance ;
ils venaient me réveiller par de nouveaux chants :
sous mes fenêtres, les aubades succédèrent au petit
jour aux sérénades de la veille ; nous étions devenus d'excellents amis, et je me plaignais un peu de
mon trop de popularité.

La musique devait m'accompagner partout, car le
lendemain, en arrivant à l'embarcadère, près d'une
masure, j'aperçois un tzigane qui, accompagné
d'une femme russe, faisait danser un singe au son
d'un orgue de Barbarie et d'un tambourin. Je fis
arrêter ma voiture et je m'amusai à voir le plaisir
et l'étonnement des paysans ; quelques-uns contemplaient un singe pour la première fois.

« J'étais sûr que vous vous arrêteriez ici, me dit
alors le soldat de police qui ne m'avait pas quitté
depuis la veille, vous aimez tant la musique ! C'est
moi qui ai dit au tzigane de venir se mettre sur
votre passage. Ce tzigane est un artiste, son singe
danse bien, et Maroucha sa femme ne fait peur à
personne, c'est une fille très accommodante, nous
avons tous pu le constater !... »

J'étais descendu de ma voiture, et j'allais répondre à mon guide, lorsque j'entendis un craquement derrière moi ; des enfants qui s'étaient amusés à grimper dans ma télègue, venaient de tomber entraînant avec eux la corbeille éreintée dans laquelle j'avais accompli mon voyage, et je vis à travers l'osier rompu remuer pêle-mêle des bras et des jambes, tandis que de gros rires joyeux illuminaient de bonnes figures d'enfants.

Désignant le groupe à mon vieux cocher, je lui demandai de me montrer quels étaient les siens dans le tas ; il eut un bon sourire de grand-père attendri et me dit, en ôtant son chapeau :

« Le bon Dieu a bien voulu les donner à mon fils tous les sept ! »

Le fils, un grand gaillard superbe était là, qui n'avait certes pas dit encore son dernier mot, et la famille a dû s'augmenter encore de quelques gros jumeaux après ma visite à Bolgary.

Le vieux avait tant bien que mal rattaché avec des cordes la corbeille défoncée et me dit :

« C'est solide maintenant, tu peux remonter ! »

L'embarcadère était à cinq cents mètres de nous, et je jugeai plus prudent de faire la route à pied.

Au sud de Spassk, je visitai sur les côtes de la Volga des grottes mal éclairées mais très profondes ; les collines qui bordent le fleuve sont escarpées et légèrement ravinées. Je repris ensuite le bateau à vapeur qui s'arrêta quelques heures à Tetiouchi, petite ville bâtie dans un site pittoresque, et le soir tombait lorsque nous accostâmes à Simbirsk ; la ville perchée de façon charmante sur la crête d'un plateau, était éclairée par les derniers feux du jour : le lit du fleuve encaissé était déjà couvert d'ombres épaisses. Nous quittâmes la ville vers minuit : la nuit était froide et superbe, le bateau glissait lentement et prudemment sur les eaux très basses, et l'homme de sonde criait à tout moment la profondeur du fleuve à l'endroit où nous le descendions.

Il faisait à peine jour lorsqu'un des garçons du bateau vint me réveiller suivant le désir que j'avais exprimé la veille. Nous avions quitté depuis quelque temps déjà la station d'Oussolié où commence la partie la plus pittoresque du voyage sur la Volga. On apercevait déjà les monts Jegoulovski, couverts de forêts de chênes, de tilleuls et de bouleaux ; ils perçaient dans l'ombre des formes fantastiques avec leurs ravins sombres et les rochers monstrueux qui pendaient à leur sommet. Des pêcheurs avaient passé la nuit sur le fleuve, et des lanternes encore allumées étaient accrochées à leurs barques. Nous nous arrêtâmes au petit jour à Stavropol, située sur la rive gauche du fleuve dans un endroit bas, formant cuvette. Quand nous repartîmes, les montagnes étaient estompées à leur sommet d'une buée rose clair ; leur base était noyée dans une brume violette, et la Volga coulait lente et foncée. Tout à coup, brusquement, le soleil se montra au-dessus des montagnes, remplissant le paysage de clarté et les eaux du fleuve de rayonnements. Les voiles des bateaux parurent plus blanches, les pêcheurs ramèrent plus courageusement, des mouettes planèrent très haut au-dessus de notre bateau, et

la vie sembla renaître autour de nous. Nous aper-
cûmes de grandes îles vertes comme à l'époque du
printemps, qui succédaient aux longs bancs de
sable de la veille ; les beautés du paysage se pré-
cisèrent et les monts Jegoulovski se révélèrent à
nous dans toute leur splendeur, couverts à cet
endroit de mélèzes et de sapins qui abritaient des
rochers noirs et monstrueux.

Le fleuve rencontrant la montagne avait tourné
sur la gauche en faisant presque un angle droit ; il
coulait maintenant directement vers l'est. Nous
entrions dans le fameux coude de la Volga. Sur la
rive droite, les collines ressemblaient à de gigantesques falaises et avaient quelquefois une hauteur
supérieure à trois cents mètres. Au Confluent du
Sok, la Volga change encore de direction, elle se
heurte aux monts Sokolny, qu'elle ronge, qu'elle
mine et qu'elle côtoie jusqu'à Samara, n'ayant pu
arriver à les traverser. Là, elle tourne brusquement à droite, et coule non plus de l'ouest à l'est,
mais de l'est à l'ouest parallèlement à elle-même.

Samara apparaît alors à l'extrémité de la montagne sur la rive noirâtre, au tournant du fleuve.
Samara est aujourd'hui une grande ville de plus de
100.000 habitants, peu curieuse cependant et très
ennuyeuse. Son avenir est brillant pourtant, car
elle est très bien située sur la Volga et sur la ligne
de Sibérie, et sur celle en construction qui ira
d'Orenbourg au Turkestan. Le pays qui l'entoure est
très fertile : c'est un centre important pour le
commerce de céréales et pour celui du sel et des
peaux.

4.

Le bateau, dès son arrivée, fut assailli par des commissionnaires, des débardeurs, des sœurs de charité et des mendiants : je me frayai un passage au milieu des marchands de laitage, d'œufs, de

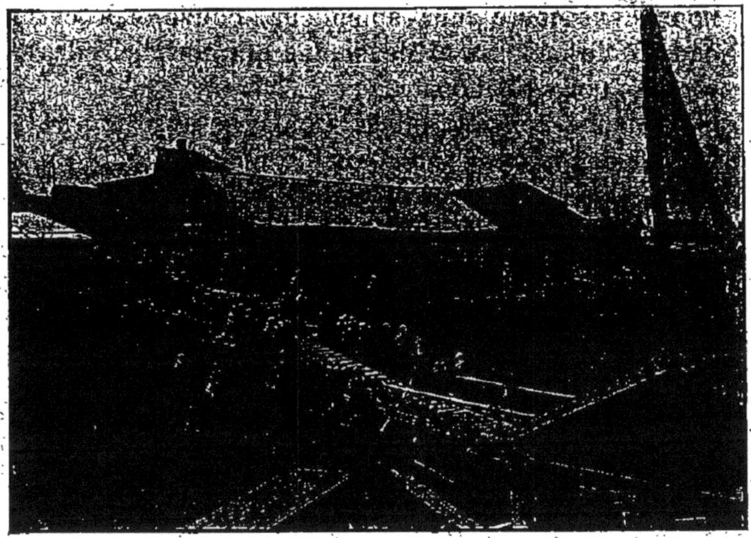

Fig. 4. — Un embarcadère.

fruits et de salaisons, et j'entrai dans la rue principale que je suivis jusqu'à la place Alexéiëvski où se dresse la statue d'Alexandre II, le tsar libérateur. J'entrai dans la vieille ville ; il y a des vieilles villes très curieuses, j'en connais même qui sont adorables. Samara était d'une bien vilaine vieillesse : tout était en bois dans ce quartier, les maisons, les portes cochères, les trottoirs, faits de planches pourries qui s'effondraient sous les pieds des passants un peu lourds : plus loin, j'aperçus la rivière Samara qui coule dans un ravin devant des maisons sales et peu pittoresques. Un jardin public, tout petit, plein de poussière, et très laid, était entouré d'une palissade à moitié démolie. J'allai visiter hors de la ville une station de koumys. Le koumys est du lait de jument fermenté que préparent tous les nomades de l'Asie, et auquel les médecins européens ont reconnu de grandes propriétés curatives. On envoie de Pétersbourg et de Moscou les poitrinaires et les dyspepsiques faire des cures de koumys chez les indigènes nomades ou chez des médecins qui ont établi des établissements de koumys en Russie orientale semblables à ceux de Samara. Les établissements de Samara sont assez bien organisés.

Je revins couvert de poussière dans la ville que j'achevai de visiter. La cathédrale et les églises n'avaient rien de bien remarquable, le théâtre seul était un assez joli monument. Dans les rues principales, je vis quelques boutiques. Un hôtel où l'on parlait peut-être français portant sur ses murs le mot de « restoran », non loin de là un tailleur dont le nom était allemand, s'intitulait pompeusement tailleur de Paris.

Tout à coup je me trouvai pris au milieu d'un groupe d'hommes et de femmes : c'étaient des paysans ; la plupart d'entre eux semblaient fatigués et ils se traînaient lentement portant dans leurs bras des melons d'eau, du pain et des concombres.

« Où allez-vous ? demandai-je à l'un d'eux.

— En Sibérie, nous sommes des émigrants.

— Mais dans quelle partie de la Sibérie ?

— Le diable peut-être le sait, me répondit un jeune homme qui suivait sans doute, sans savoir où, ses parents, et qui allait chercher avec eux en Sibérie des terres plus vastes et plus productives qu'en Russie. »

Je suivis les paysans jusqu'à la gare dont ils s'étaient éloignés pendant l'arrêt du train : leurs compagnons de route les attendaient sur le quai, et un train se formait qui devait les emmener sur la terre volontairement choisie par eux pour leur exil.

Les paysans de Russie qui désirent émigrer en Sibérie doivent au préalable en demander la permission, puis ils envoient des délégués en Asie russe, soit un par famille, soit un par groupe : ceux-ci sont parfois des vieillards, parfois des jeunes gens, on a vu même parmi eux une femme. Le chef du service d'émigration établi à Tchéliabinsk, ville située sur le versant asiatique de l'Oural, reçoit les délégués et chacun d'eux lui désigne la région de Sibérie que les paysans du village désireraient habiter. S'il y a des terres vacantes dans la région, le chef de l'émigration les leur indique et ils vont les visiter. Lorsqu'ils sont d'accord et qu'ils ont fait leur choix, les terres restent pendant deux ans à la disposition de ceux qui les ont choisies; passé ce temps, elles peuvent être données à d'autres ; les femmes ne reçoivent pas de terres, mais la Russie donne à tous individus mâles, même aux plus petits enfants, quinze dessiatines, ce qui fait à chacun près de seize hectares.

Lorsque les délégués sont de retour au village natal, les familles ou les groupes de paysans se préparent à émigrer ; ils vendent ce qu'ils ne peuvent pas emporter et ils empaquètent tout le reste. Quelques-uns emmènent avec eux leurs chevaux, mais les autres, plus avisés, vendent tout leur bétail et font une bonne affaire, car ils se débarrassent à bon prix de bêtes encombrantes en voyage et ils en achèteront d'autres à très bon compte sur les terres d'élevage de l'Asie. Jadis ils accomplissaient leur voyage en voiture, en bateau, à pied même, le chemin de fer n'existant pas encore en Sibérie ; ils voyageaient pendant des mois, demandant à tous les passants s'ils étaient prêts d'atteindre leur but, quand deux ou trois mille kilomètres les en séparaient encore. Les maladies les décimaient facilement, harassés et découragés comme ils étaient le plus souvent, et de grandes épidémies de fièvre typhoïde et de dysenterie apportées par les émigrants ravagèrent plusieurs fois la Sibérie Occidentale. Aujourd'hui grâce au Transsibérien, le voyage est bien simplifié ; il y a des trains spéciaux pour les émigrants ; jusqu'à l'âge de dix ans, les enfants voyagent gratuitement et le prix d'un billet pour une grande personne est à la portée de toutes les bourses ; pour aller par exemple de Moscou à Omsk, il y a environ deux mille neuf cents kilomètres, et le billet coûte quatre roubles, c'est-à-dire à peine onze francs. Il est vrai de dire que pour ce prix les émigrants ne peuvent prétendre à voyager bien confortablement.

Ceux-ci viennent de tous les coins de la Russie, se dirigeant tous vers Tchéliabinsk qui sera leur point de départ pour la Sibérie ; ils viennent parfois en un seul été au nombre de deux cent mille ; l'émigration a un peu diminué depuis, car la zone agricole en Sibérie n'est pas large, et quelque vaste que soit le pays, les terres disponibles ne seront nombreuses que lorsqu'on aura réglé la question si difficile du partage des terres chez les Kirghizes nomandes et chez les Bouriates de Transbaïkalie.

Les émigrants arrivent surtout au printemps, de tous les points de l'immense empire ; il y a des Petits, des Grands et des Blancs Russiens, des Allemands venus de la Baltique, des Polonais, des Arméniens, et même du Tchouvaches, du Mordves et des Permiaks. Dans plusieurs villes de Sibérie, se trouvent des baraques non loin des gares ; la chancellerie du chef d'émigration n'est parfois qu'une cabane de bois, ou qu'une tente de feutre ; un vieux wagon sert le plus souvent de bureau aux employés subalternes. Il y a en outre des hangars, des maisons, des hôpitaux. Le retard dans l'expédition des bagages, l'oubli ou la perte de papiers officiels, la fatigue, la maladie forcent parfois les émigrants à s'arrêter dans ces « points d'émigration », c'est ainsi qu'on les appelle. Toujours des médecins, des infirmiers et des infirmières y sont attachés. Le train qui stationnait dans la gare de Samara était semblable à tous les trains servant au même objet : un wagon spécial placé au bout du train tenait lieu d'infirmerie. Sous la direction de surveillants, les émigrants s'embarquaient lentement. Le long du quai, les paysans étaient assis ou couchés sur leurs paquets : ils semblaient déjà abattus de fatigue et malgré la philosophie résignée qui fait le fond du caractère

russe, ils ne pouvaient se défendre d'un sentiment
de tristesse en comparant le passé bien dur pourtant mais qu'ils connaissaient déjà, à l'avenir incertain dans un pays dont ils n'avaient pas la moindre
idée. Les hommes restaient graves, mais les femmes
surtout me paraissaient abattues et découragées ;
des gamins de douze à quinze ans jouaient ensemble
avec l'insouciance de leur âge, mais les plus petits
restaient près de leurs mères, gagnés par la tristesse et en proie à un vague effroi dont ils ne pouvaient se rendre bien exactement compte.

« Il en est qui me reviendront dans un an, me dit
le surveillant de l'émigration, je compte par dizaines
de mille ceux qui partent et par milliers ceux qui
reviennent malades, désolés, désespérés. »

Il ne leur est d'ailleurs pas toujours facile de revenir, à ces malheureux, car on vit à l'étroit dans les
villages de la Russie, et les paysans qui composent
une commune ne sont que rarement disposés à
accueillir à nouveau ceux qui reviennent de Sibérie.
La vie est dure bien souvent aussi qui attend en Asie
russe les pauvres émigrants ; ils recevront, il est
vrai, des terres en abondance, mais quel travail sera
nécessaire pour les labourer, ces terres vierges où
il y a moins de prairies que de marais, de forêts que
de clairières ! Il faudra construire la maison de
famille ; l'homme retrouvera le même genre de
travail qu'en Russie, mais la femme souffrira davantage ; elle devra tout créer, elle pensera au pays
natal, aux parents abandonnés là-bas, aux enfants
morts ou restés malades en cours de route ; la
nostalgie la vaincra bientôt, et chaque soir, l'homme,

rentrant fatigué au logis, la trouvera en pleurs. Or quand la femme pleure, le mari est vite découragé.

Et puis il y a les années mauvaises, les années terribles, où la famine n'épargnera personne en Sibérie et malheur à ceux qui émigrent ces années là !

Enfin dans certaines régions, la population sibérienne est ingrate et mauvaise ; on ne saurait trop apprécier le vrai Sibérien, mais les forçats et les fils de forçats, les voleurs et les vagabonds sont nombreux depuis le Pacifique aux monts Ourals. Enfin les Cosaques de Sibérie sont prêts trop souvent à traiter les paysans comme les indigènes qu'ils ont vaincus. Bien souvent j'ai entendu des femmes me dire en pleurant :

« Oui, nous gagnons de l'argent, nous vivons bien ici, mieux que jadis en Europe, mais le village natal, le village que nous aimons, est en Russie, et nos cœurs sont restés là-bas ! Les gens d'ici ne sont pas les gens de chez nous ! »

Je me promenais près de la gare de Samara, lorsqu'un vieillard s'avança et me demanda si je savais quand ses bagages arriveraient : je lui répondis que je n'étais point fonctionnaire et je lui demandai de quelle province il venait.

« De celle de Novgorod, me répondit-il, comme une partie des émigrants que vous voyez ici. Connaissez-vous ce pays-là ?

— Certes ! Je suis étranger et c'est à Novgorod que j'ai été jadis apprendre la langue russe !

— Une bien mauvaise année pour émigrer répliqua le vieux paysan, nous arrivons mal et trop tard : toute la récolte a été brûlée par le soleil et on dit que la famine nous attend là-bas ! Moi et mes fils, nous n'avons pas trop à nous inquiéter, car nous avons de l'argent, mais les autres que feront-ils ?

— Quelle est, lui dis-je, en l'interrompant, cette jolie jeune fille à qui vous parliez tout à l'heure ?

— Une brave fille, et bien sage, et bien courageuse, répondit le vieillard. Elle vivait heureuse avec les siens, elle était l'aînée. Après elle vinrent les gamins que vous voyez autour d'elle, et dont les bras plus tard seront, si Dieu donne, la richesse de la famille. Le malheur tout à coup s'appesantit sur les pauvres gens, une mauvaise récolte et un incendie les ruinèrent. Le père se décida à émigrer avec nous ; seule, la jeune fille devait rester au village, elle était fiancée et aimait un brave garçon qui le lui rendait bien : le mariage allait être célébré, lorsque la mère mourut subitement. L'enfant avait alors plus que son devoir à faire, le père ne pouvait pas partir pour la Sibérie seul avec sa nombreuse famille : elle renonça à son mariage et partit avec ses petits frères. Elle souffre beaucoup, mais nous ne la voyons pas pleurer, je crois qu'elle ne se consolera jamais, mais elle est bonne et conserve un sourire pour chacun. Nous l'aimons bien et nous l'aidons, mes fils et moi, car elle est pauvre ! »

Je quittai le vieillard, et j'allai vers la jeune fille :

« Comment t'appelles-tu, lui dis-je ?

— Tania ! Et toi, ajouta-t-elle en souriant ?

— Pavel [1] ! C'est ton petit frère, ce joli gamin qui dort sur tes genoux ?

---

[1] Pavel signifie Paul et Tania est le diminutif de Tatiana.

— Oui, c'est le plus jeune et le plus gentil.

— Veux-tu me permettre de t'offrir un peu d'argent pour lui, Tania ; tu lui achèteras quelque chose, ce que tu voudras.

La jeune fille prit alors ma main et la baisa.

« Merci, dit-elle, pour lui et pour ses frères. »

Puis elle ajouta à voix basse :

« Mais si tu veux vraiment faire une bonne œuvre et donner quelques kopeks à des malheureux : ce n'est pas à nous qu'il fallait d'abord les offrir : vois, là-bas, cette vieille avec ses enfants, elle est de notre village, c'est à elle qu'il faut faire l'aumône ; elle est beaucoup plus malheureuse que nous ! »

Et la pauvre enfant, d'un geste timide, me tendait pour que je le reprenne le rouble qu'elle avait reçu, toute prête à le partager avec une plus malheureuse. Les paysans russes ont l'âme simple et le cœur généreux : ils s'entr'aident volontiers. Je fis alors ce que le lecteur aurait fait à ma place et je donnai à son tour une aumône à la vieille femme.

CHAPITRE IV

L'HOSPITALITÉ RUSSE. — SARATOV ET TSARITSYNE
LES PÊCHERIES D'ASTRAKHAN

Après Samara, la Volga s'élargit de plus en plus et le pays est encore accidenté. Peu à peu cependant les forêts disparaissent, les collines deviennent moins élevées, mais leurs flancs déchiquetés cachent des grottes sombres et profondes. Des villages assez nombreux apparaissent, tous semblables à ceux qui ont déjà été décrits : les maisons sont en bois gris et des clochers aux toits verts ornent les églises toutes blanches. Les eaux du fleuve deviennent jaunes, le lit n'est pas toujours profond, les bateaux sont obligés de ralentir leur course ; l'homme de sonde travaille constamment et crie le chiffre de profondeur, afin d'éviter un échouage toujours menaçant.

Sur mon bateau, tous les passagers se connaissaient depuis longtemps, des groupes s'étaient formés et les enfants s'amusaient à jeter du pain dans le fleuve aux mouettes nombreuses qui jouaient et plongeaient dans le sillage du bateau. Chacun passait le temps aussi gaiement qu'il le pouvait.

Les côtes cependant devinrent plates et sablonneuses, de chaque côté du large fleuve s'étendaient

de vastes steppes : l'horizon était devenu immense.
La végétation était rare et l'on n'apercevait plus
que quelques arbres qui poussaient çà et là comme
à regret, pins rabougris et buissons de chênes rachi-
tiques.

De très loin pendant plus d'une heure, nous aperçûmes une ligne au-dessus du fleuve, quelque chose
qui ressemblait à un immense fil tendu d'un bord
à l'autre. Deux kilomètres nous en séparaient encore
quand nous vîmes passer un long train de marchandises qui semblait tout petit en traversant le
large fleuve : c'était le grand pont sur la Volga sur
lequel passe la ligne qui, se dédoublant un peu
plus loin, conduit à Port-Arthur et à Vladivostok
d'une part, et d'autre part à Orenbourg, et prochai-
nement, car les travaux sont relativement poussés,
au Turkestan. Ce pont dont la longueur est de
1480 mètres est un ouvrage d'art de premier ordre
qui a coûté à la Russie près de trois millions de
roubles : il repose sur quatorze piliers.

Notre bateau passa sous le pont et fit escale
ensuite devant la ville de Syzrane. Je ne crois pas
avoir jamais vu un embarcadère plus encombré de
monde : il y avait des voitures, télègues et char-
rettes, jusque devant les échoppes en plein vent
où des paysannes vendaient du lait, des œufs et des
salaisons. Une forte voyageuse qui passait, un
enfant sur un bras et un samovar sur l'autre, fit
tomber à l'eau un jeune moujik aux grands éclats
de rire de ses compagnons. Je n'ai pas eu le temps
d'assister à son repêchage, car un marchand et sa
femme, énorme boule de graisse qui roulait plus

qu'elle ne marchait, se dirigea vers les premières :
un domestique les précédait et disparaissait sous
les colis, sous les couvertures et oreillers. Les
premières classes étaient pleines et je descendis
pour défendre contre une invasion la cabine que
j'occupais ; mais le marchand avait retenu sa place
par dépêche et le garçon du bateau lui ouvrait déjà
la porte étroite de la cabine voisine de la mienne :
le porteur, sans se débarrasser de ses bagages, fit
une forte pression sous laquelle ses oreillers et couvertures s'aplatirent et se tassèrent, il passa ; je me
demandais avec curiosité comment la grosse femme
dont le volume était énorme pourrait rentrer à son
tour ; elle fit comme les oreillers et comme les couvertures, sa grosse personne s'aplatit et se tassa, et
vint tomber assise sur la banquette qui gémit lugu-
brement, tandis que le mari, avec un bon sourire,
lui dit :

« Allons, Groucha, nous sommes arrivés, tout va
bien ! »

« Elle est tout de même passée, et comme une
lettre à la poste, dit un vieux capitaine qui se trouvait derrière moi. Heureusement qu'il y a de l'eau
dans la Volga, avec une marchandise de ce poids,
nous risquerions fort d'échouer maintenant ! »

Puis, le capitaine me salua et me dit :

« Je m'appelle Tomski, Fedor Ivanitch ! »

Je déclinai à mon tour mon nom et mes qualités,
et nous fûmes vite une paire d'amis. Tout en buvant
un verre de bière, le capitaine Tomski me raconta
sa vie : ancien officier du Turkestan, il avait pris part
à plus d'une affaire et ses faits de guerre lui avaient

valu la croix de Saint-Georges. Au bout de quelques minutes d'entretien, je connaissais déjà toute sa famille, Vera Pavlovna, sa femme, qui l'attendait à Saratov, Michka son fils aîné qui était officier au Caucase, Kola le second qui était ingénieur dans le sud de la Russie et le troisième, Boris, qui étudiait encore à l'école des cadets.

Nous bavardions depuis deux heures déjà.

«.Pavel Avgoustovitch[1], me dit le capitaine, voulez-vous voir une scène typique? Nous avons un mort sur le bateau. »

Il m'entraîna dans la troisième classe, où un Tatar venait de mourir en effet. Il dit un mot au capitaine et on nous laissa entrer dans une cabine. Le mort était sur une planche, les pieds tournés du côté de la Mecque, d'après ce que nous dirent les musulmans. Un enfant de douze ans pleurait à côté de lui : la mort avait été subite pendant l'arrêt devant Syzrane et le cadavre devait être débarqué à la prochaine station; un triple voile nous cachait la figure du mort. Un moullah marmottait des prières tandis qu'un médecin bourru déclarait que la loi russe devait être respectée. « Tous ces chiens-là, me dit-il, en montrant les musulmans, enterrent leur mort au bout de douze heures, sans jamais vouloir observer la loi qui veut que trois jours s'écoulent entre la mort et les funérailles. Tu entends ce que je dis, toi, ajouta-t-il en secouant l'orphelin par le bras, j'avertirai les autorités à la prochaine station, on te surveillera ! »

[1] Paul, fils d'Auguste.

L'enfant pleurait, et épouvanté tremblait de tout son corps.

« N'avez-vous pas honte, docteur, dit à mi-voix le capitaine, laissez donc cet enfant tranquille ! »

Le docteur sortit en haussant les épaules.

A la station suivante, on descendit le cadavre que l'on porta dans la boutique d'un marchand musulman. La nuit était tombée déjà et l'escale fut longue, car le docteur sans doute était allé, comme il l'avait dit, prévenir les autorités.

Le lendemain, nous arrivâmes à Saratov. On apercevait de loin le quai de débarquement plus long que ceux de Kazan ou de Nijni-Novgorod. Il y avait un grand nombre de bateaux et le long du quai s'élevaient d'immenses fabriques à quatre étages. L'arrivée fut impressionnante, le fleuve a près de cinq kilomètres de long, et une île de sable très longue et très étroite, le partage en deux bras gigantesques. Saratov était sur la rive droite : nous suivions le fleuve non loin de la rive gauche ; notre bateau dut descendre pendant deux kilomètres, au-dessous de la ville, longeant l'île dont nous doublâmes l'extrémité et nous vîmes ainsi Saratov sous toutes ses faces ; des barques et des chalands retardaient notre marche et un matelot sondait le fleuve à l'avant du bateau.

« J'arrive un jour plus tôt que je ne pensais, me dit Fedor Ivanitch, ma femme va être surprise ! »

Mais tout à coup il me demanda si je m'arrêtais à Saratov. Je répondis que j'y passerais un jour ou deux, peut-être davantage, selon l'intérêt que m'offrirait la ville. Fedor Ivanitch me répondit qu'il

ferait tout son possible pour que j'y reste longtemps ;
puis il ajouta : « Vous accepterez bien de vous arrêter chez moi, vous me ferez à la fois honneur et
plaisir. »

Je le remerçiai et voulus refuser.

« Mais non, répondit l'excellent capitaine, je vous
ai trouvé hier, et vous êtes à moi maintenant. Je
n'accepte pas votre refus ; les hôtels ne sont pas
bons ici ; vous trouverez une chambre toute petite,
avec de grosses punaises ! Et partout de longs
cafards jaunes qui vous courront sur les pieds et
sur les mains. Et puis, une cuisine effroyable ! Vous
serez malade, très malade ! Chez nous, vous ne
gênerez personne : vous aurez votre clef, vous
serez chez vous, vous écrirez et travaillerez à votre
guise ; et quand vous aurez envie de bavarder, vous
viendrez nous trouver et nous ferez toujours plaisir ! »

Qui de nous, parmi les voyageurs de Russie et de
Sibérie, n'a pas reçu pareille invitation. Les Russes
ne savent pas être aimables à demi, et l'hospitalité,
telle qu'ils la comprennent, est vraiment adorable
chose. Ils rencontrent un étranger, voyagent avec
lui, s'attachent à lui, le comblent de politesses ; ils
l'adoptent pour ainsi dire ; c'est bien là le terme
exact : le capitaine m'avait adopté.

Je fis encore quelques difficultés pourtant !

« Pavel Avgoustovitch, Pavel Avgoustovitch, vous
voulez me faire de la peine ? C'est dit, n'est-ce pas ?
continua Fedor Ivanitch, vous trouverez chez nous
une maison tranquille, un bon lit avec de beaux
draps blancs. Je n'oserai pas me présenter devant
ma femme si vous n'entrez pas avec moi !... »

Le capitaine s'interrompit, son regard était tombé sur le quai ; une dame déjà âgée était là qui agitait son mouchoir :

« Pavel Avgoustovitch, la voilà, c'est Vera Pavlovna ! c'est Vera Pavlovna ! »

Vera Pavlovna avait le plus gracieux visage qu'on puisse imaginer ; elle monta sur le bateau, embrassa tendrement son mari après avoir fait un signe de croix. Le capitaine me présenta comme un ami et lui dit que je m'arrêtais quelques jours à Saratov.

« Nous faites-vous le plaisir de passer ces quelques jours chez nous, me dit en français l'excellente femme, sans savoir encore que son mari m'avait invité déjà ? »

Et quelques instants après, je suivais mes nouveaux amis jusqu'à leur maison. Au moment où j'entrai, Fedor Ivanitch me dit :

« Je vous remercie d'être venu ; nous allons nous mettre à table, nous ne sommes pas riches, notre repas sera simple, mais bon, car ma femme est une parfaite ménagère. Nous ne nous excusons pas de vous offrir si peu, car nous vous offrons tout ce que nous avons ! »

La soirée se termina délicieuse, par une longue causerie à côté du samovar fumant. Vera Pavlovna me joua ensuite quelques vieux airs et quelques chansons françaises : très instruite, elle me parla des livres qu'elle aimait, des romanciers allemands et français ; le capitaine nous écoutait sans mot dire, il admirait sa femme et, lorsqu'il me conduisit dans ma chambre, il me dit simplement :

« N'est-ce pas que ce qu'il y a de meilleur chez
moi, c'est ma femme ? »

Je les trouvai, quant à moi, charmants tous les
deux, et ils se complétaient admirablement l'un et
l'autre.

Saratov est une grande ville dont les rues nouvelles sont bien pavées, chose rare en Russie, et
bordées de grandes maisons. Il n'y a pas de monuments curieux : la cathédrale, carrée, avec un clocher isolé, et qui porte le nom vénéré de saint
Alexandre Nesvki est quelconque. Il y a beaucoup
de maisons en pierres, mais il y a encore des quartiers construits en bois où les routes sont mauvaises,
à moitié défoncées et agrémentées de profondes
ornières. Beaucoup d'enseignes sont en langue alle-
mande, et certains magasins rappellent ceux des
villes de la Baltique. Le bazar, par contre, est bien
russe et d'une saleté vraiment nationale ; c'est un
immense marché où l'on vend un peu de tout, on y
trouve des boissons et des victuailles, des vêtements, de la literie, des harnais, des instruments
de toute sorte et même des voitures.

A chaque pas dans la rue, j'entendais parler allemand. Il y a dans la province de Saratov beaucoup
de colonies qui furent fondées par les Allemands
dont les villages sont très différents de ceux des
Russes. Les rues en sont droites et spacieuses,
entourées d'arbres verts. Les habitants ont conservé
leur langue et leurs coutumes, ils ont l'aspect très
allemand, et pratiquent la religion protestante.
Leurs ancêtres s'établirent dans la province au
temps de Catherine la Grande.

« Ce sont de braves et d'honnêtes gens, me déclarait Fedor Ivanitch, mais ennuyeux comme des
jours de pluie ! »

Le capitaine me conduisit ensuite dans une petite
maison en bois pour me faire voir une famille de
Mordves. Nous y trouvons un vieillard très blond
dont les yeux bleus étaient bridés comme ceux
d'un Chinois. Il nous invita à prendre le thé chez
lui et nous montra les parures de sa femme, une
vieille ceinture ornée d'améthystes et de sardoines,
et des colliers d'amulettes bizarres, parmi lesquels
se trouvaient des griffes de vautour et des dents
d'ours. Je demandai au vieillard si tous les Mordves
étaient convertis à la religion catholique.

« Oui, me répondit-il, depuis Catherine II, qui
donna l'ordre de les baptiser tous, en leur offrant
à chacun un rouble de gratification.

— Cela me rappelle ce que j'ai vu au régiment,
me dit Fedor Ivanitch ; nous devions recevoir des
conscrits indigènes, un médecin et un pope les
attendaient dans une des casernes, et ils furent tour
à tour vaccinés par l'un et convertis par l'autre,
sans qu'ils pussent comprendre ce qui leur arrivait ».

Le vieux Mordve voulait nous emmener chez des
amis, mais la journée était avancée déjà. J'allais
pourtant accepter, quand Fédor Ivanitch tira sa
montre et fronça le sourcil :

« Pavel Avgoustovitch, ma femme prépare en ce
moment le souper ; elle est terrible quand on arrive
en retard ! »

Vera Pavlovna nous attendait en effet, mais ce

fut avec un bon sourire qu'elle nous reçut ; c'était une adorable femme, très instruite et très bonne ménagère à la fois, ce qui est rare en Russie. Elle ne vivait que pour ses enfants et son mari.

Lorsque je quittai Saratov, le capitaine et sa femme m'accompagnèrent sur le bateau. Je baisai en m'inclinant, selon la coutume russe, la main de Vera Pavlovna, qui posa ses lèvres sur mon front. Quant à Fedor Ivanitch, il me donna les trois baisers d'usage, et des baisers solides.

« Je vais vous remettre ma carte pour un ami d'Astrakhan : Piotre Philippovitch est un très brave homme ; il est trop souvent ivre, mais cela ne fait rien ; allez le voir avant cinq heures, parce qu'il ne commence à boire qu'à ce moment-là ! Vous verrez sa femme, Evdotia Nikolaïevna ; on a beaucoup parlé d'elle jadis, elle n'est pas toujours commode, mais vous la verrez peut-être dans un jour de bonne humeur. »

Puis, me serrant encore la main, car le bateau allait partir, le capitaine Tomski ajouta:

« Surtout, n'oubliez pas vos amis de Saratov ! Ah, Pavel Avgoustovitch, vous êtes vraiment un homme heureux. Vous ne restez à Paris que quelques mois, et je suis sûr qu'alors tous vos amis vous gâtent tant qu'ils peuvent. Ils vous possèdent si peu de temps ! Puis, vous allez de pays en pays, de village en village, et chacun vous accueille et vous fait fête : on ne peut qu'être aimable avec vous ! Voyez-vous, c'est là une charmante existence : c'est quand on ne voit pas constamment les mêmes hommes, qu'on comprend combien ils sont bons ! »

Excellent capitaine ! Au moment où je parle de lui, je lui adresse, ainsi qu'à tous ceux qui m'ont fait connaître la largesse de l'hospitalité russe et la cordialité charmante des Slaves, mon souvenir fidèle et mes affectueux remerciements.

Après Saratov, le fleuve coule très large, on se sent comme subjugué par son imposante majesté. Nous nous arrêtâmes quelques minutes seulement devant Sinenki, mais l'escale fut longue devant Rovni.

Dans cette ville qui fait un grand commerce de grains se trouvaient un assez grand nombre de bateaux. Les maisons en bois gris étaient rangées sur la crête de la falaise haute et escarpée, les pignons faisant face au fleuve. Tout semblait de couleur grisâtre, le sol, les maisons, et même les gens qui se pressaient sur le primitif embarcadère ; pourtant je distinguai, en m'approchant, d'autres couleurs : je vis quelques arbres rabougris et sans feuilles de teinte indécise et qui se confondaient dans le gris monotone du paysage ; quelques poules blanches picoraient sur la pente de la colline ; des vaches rousses cherchaient une herbe trop rare dans une terre inculte, et des cochons barbotaient dans l'eau en remuant leurs petites queues, toutes noires, en tire-bouchon. A mi-côte et sur le ponton, les moujiks étaient vêtus de vêtements en peau de mouton et leurs femmes de robes rouges ; une belle fille pleine de santé, aux joues roses, et aux cheveux d'un blond ardent envoyait de gros baisers au bateau ; elle riait à celui qu'elle attendait peut-être et ses dents superbes étincelaient entre ses lèvres rouges largement ouvertes ; elle était très séduisante, malgré ses mains noires, oh combien !

Des voitures apparurent traînées par des bœufs, par des chameaux, et d'autres attelées de chevaux descendaient à fond de train la pente escarpée au risque de culbuter dans la rivière.

Le jour cependant finissait, et sur le pont du bateau, des Persans faisaient leurs prières ; ils avaient étendu leurs manteaux à terre et regardant le soleil couchant, ils disaient leurs actions de grâces ; ils passaient lentement les mains sur leurs visages, les étendaient ensuite devant eux, semblaient chercher à y lire quelque chose, puis, s'inclinant profondément ils touchaient le sol de leurs fronts. Le soleil incendiait tout l'horizon, les eaux de la Volga avaient pris la couleur de l'émeraude, le ciel était pur, pourtant à l'horizon était un petit nuage noir qui fut illuminé tout à coup par un rayon couleur cerise et qui sembla flamber en un instant.

Nous ne quittâmes le village que lorsque la nuit fut presque venue ; la teinte générale du paysage devint plus uniforme, le village était déjà couvert d'ombres épaisses au milieu desquelles on ne distinguait plus que l'église et les toits verts et rouges de l'embarcadère. Tout à coup la lune apparut délicieusement blanche, juste derrière le clocher du village, rendant plus jolies toutes les choses ; et nous continuâmes notre route sur les eaux devenues tout à coup transparentes.

Nous passâmes pendant la nuit à Kamychine où la rive droite a près de 200 mètres de hauteur. C'est là que commence la dépression connue sous le nom de dépression caspienne ; tout le pays qui nous entourait, steppes incultes et désertes, dunes de sable couvertes d'une couche de sel, fut jadis le lit, desséché aujourd'hui, d'une mer dont la mer Caspienne

Fig. 5. — Vue de la Volga.

et peut-être même la mer d'Aral et le lac Balkhach sont aujourd'hui les vastes restes.

Le lendemain matin, nous relâchions huit heures dans l'ennuyeux chef-lieu de province que l'on nomme Tsaritsyne. Tsaritsyne est un gros village presque entièrement bâti en bois qui a aujourd'hui 50,000 habitants. Il ne renferme aucune curiosité. Les rues droites, parallèles et rarement pavées, sont couvertes de poussière. Le temps était beau, mais un grand vent soufflait et la poussière soulevée emplissait les oreilles et brûlait les yeux. Je me réfugiai dans le petit jardin public planté de grands arbres, saules, peupliers et accacias ; c'était comme une oasis délicieuse. La gare du chemin de fer dont Tsarytsine est la station terminus se trouvait à deux pas ; je rencontrai en m'y rendant un cocher qui se disputait avec son cheval ; celui-ci refusait d'avancer et ruait, le cocher descendit de sa voiture, prit par la bride son cheval, qui essaya de se cabrer ; à ma profonde stupéfaction, le cocher furieux lança à toute voix un juron dans lequel je reconnus un gros mot français, celui-là même qu'a immortalisé Cambronne ; un cocher qui dit ce mot-là, même dans les rues de Tsaritsyne, n'est évidemment pas un homme très distingué. Je lui demandai pourtant d'où il venait ; c'était un ancien aide-cuisinier d'un des bateaux de la Volga. Le bonhomme n'était pas intéressant, je m'en aperçus bien vite et j'en entendis le soir raconter de belles sur son compte ; on n'a pas à être fier de certain genre de compatriotes que trop souvent on rencontre à l'étranger.

Dans la région déserte qui sépare Tsaritsyne et Astrakhan, les côtes sont d'une monotonie désespérante. Les stations sont peu nombreuses, Sarepta qui est connue pour sa moutarde dans toute la Russie, puis vient Vladimirovka où une petite ligne amène le sel des salins du lac Baskountchak. Plus loin on passe près de Tiouméniévka où s'élève un petit temple bouddhique où viennent prier les Kalmouks nomades.

A Astrakhan sur le pont, nous trouvâmes une

foule de gens appartenant aux races les plus diverses et les Russes ne semblaient pas être les plus nombreux ; au milieu des Géorgiens et des Arméniens, des Persans, des Tatars et des Kalmyouks à côté desquels travaillaient quelques ouvriers Kirghizes.

Je me rendis d'abord à l'adresse donnée par le capitaine Tomski, bien que j'hésitasse un peu à faire connaissance avec cette fameuse Evdotia Nikolaievna « qui n'était pas commode tous les jours ». Les Russes changent souvent de logement, et je perdis bientôt de maison en maison la trace des amis du capitaine. Je me souvins alors de l'administration où travaillait Piotre Philippovitch qui m'accueillit aussitôt très cordialement ; c'était un grand gaillard très fort et très doux à la fois. Il m'invita aussitôt à l'accompagner chez lui. Dès que nous entrâmes nous entendîmes la voix d'Evdotia Nikolaievna : « Qu'est-ce que cela signifie, Piotre Phillippovitch ! En voilà une idée de rentrer plus tôt que d'habitude. Vous pouvez retourner où vous étiez ! »

Evdotia Nikolaievna fut presque aimable avec moi ; c'était une grande femme, très brune et très sèche ; son ménage était affreusement tenu. Le mari sans rien dire commença à préparer le samovar, tandis qu'Evdotia se mit à me parler de ses occupations avec une volubilité excessive ; elle me dit qu'elle s'occupait surtout de philosophie. Elle n'était pas, disait-elle, semblable aux femmes allemandes qui ne vivent que pour leur ménage ou aux femmes françaises qui ne pensent qu'à la toilette ou à l'amour.

« Eh bien, commanda-t-elle à son mari qui se te-

nait devant elle, versez donc le thé, s'il est prêt!
Rendez-vous utile si vous ne pouvez être agréable!
Vous ne bougez pas! A quoi donc pensez-vous?

— A vous, Evdotia Nikolaievna, répondit l'infortuné mari, à vous. Il m'est bien difficile de penser à autre chose quand vous êtes là! »

Evdotia Nikolaievna recommença à parler philosophie et à faire sur la France et les Français des réflexions plutôt désagréables : on en entend d'ailleurs plus d'une fois de semblables en Russie. Ce qu'elle me disait l'intéressait au plus haut point sans doute, car elle ne me laissait pas le temps de répondre. Son mari me proposa d'aller visiter la ville avec lui, elle déclara aussitôt que je ne sortirais qu'avec elle et sans lui et trouva le moyen de lui adresser quelques épithètes assez mal sonnantes. Je me levai et je dus lui promettre que je reviendrais bientôt, avec la ferme intention de ne pas tenir ma promesse.

Lorsque nous fûmes dans la rue, Piotre Philippovitch me dit doucement : « Vous avez peut-être remarqué, Pavel Avgoustovitch, que nous ne sommes pas tout à fait d'accord, ma femme et moi? »

Je ne pus m'empêcher de rire de cette litote, et Piotre Philippovitch ajouta : « Elle est comme cela tous les jours, encore s'est-elle un peu tenue devant vous. Elle vous a fait peur, n'est-ce pas? »

Nous visitâmes alors les tours du Kremlin, la cathédrale dont le dôme est assez imposant, et le port où étaient entassés des ballots de laine, des sacs de sel et de céréales, des poissons salés et des tonneaux de vin. J'emmenai ensuite mon compagnon

dîner ; il fut très gai et très aimable pendant le repas.
Quand nous nous quittâmes, il me répéta plusieurs
fois, très tristement :

« A demain, Pavel Avgoustovitch, à demain, je
vais retrouver ma femme ! »

Et je suis bien sûr qu'il n'a pas pris par le plus
court pour se rendre à son logis.

Je visitai à Astrakhan les grandes digues qui
protègent la ville contre les inondations de la Volga,
les vignobles et les magasins de la maison Sapojnikov qui avait fait une si belle exposition au palais de
la chasse et de la pêche à l'Exposition universelle
de 1900.

Il y a beaucoup moins de poissons qu'autrefois
dans le fleuve, les uns prétendent que cette diminution provient de ce qu'on y a pêché trop longtemps
de façon irrationnelle ; les autres disent très juste-
ment que le naphte qui sert à chauffer les bateaux
a empoisonné les eaux de la Volga et détruit beaucoup d'esturgeons.

Il y a quatre périodes de pêches chaque année
pour les pêcheurs de la Volga : les pêches les plus
importantes ont lieu au printemps depuis Astrakhan
jusqu'à l'embouchure du fleuve ; elles commencent
à la fin de mars et se terminent du 15 au 20 mai ; on
ne pêche pas l'esturgeon à cette époque, mais le
soudak, la brème, la carpe et aussi le hareng qui au
printemps quitte la mer Caspienne et remonte la
Volga. Les poissons sont salés ou séchés ; d'autres
sont achetés par des marchands venus des grandes
villes de Russie et expédiés immédiatement à leur
point de destination.

Du 15 mai au 15 juillet, la pêche est interdite : c'est l'époque en effet où le poisson vient frayer dans le lit du fleuve ; les pêcheries sont alors désertes, et les Russes et les indigènes qui en forment le personnel ont alors la liberté de retourner chez eux dans leurs villages, ou sous leurs tentes de nomades.

Le 15 juillet commence la pêche aux esturgeons, bielouga, chipe, esturgeon commun, sevrouga. On transporte ces poissons vivants depuis Astrakhan jusqu'à Nijni-Novogorod dans tous les ports de la Volga : les barques dont on se sert sont de formes spéciales, et des fentes y sont pratiquées qui laissent pénétrer l'eau courante.

La pêche d'automne vient ensuite, elle commence le 1er septembre et dure jusqu'au 1er novembre environ, car un édit la prolonge quelquefois, lorsqu'elle n'a pas été très fructueuse. On pêche alors toutes les espèces de poissons, et si les résultats sont supérieurs à ceux de la pêche d'été, ils ne peuvent être comparés à ceux de la pêche du printemps.

La pêche d'hiver est aujourd'hui la moins importante. On fait des trous dans la glace, qui couvre la Volga, le poisson vient respirer et on le capture au moyen de filets et de harpons. On laisse le poisson à l'air et on l'expédie lorsqu'il est arrivé à presque complète congélation. On peut voir alors dans la maison Sapojnikov de grands esturgeons ayant quatre mètres de longueur, et les femelles de cette taille fournissent jusqu'à deux cents kilos de caviar.

J'ai vu aussi les principaux instruments employés dans cette même maison ; c'étaient des grands filets, que seule une équipe de travailleurs pouvait manier, à larges mailles pour l'esturgeon et à mailles étroites pour les poissons de moindre grandeur. Beaucoup de Kirghizes et de Kalmouks sont employés comme ouvriers dans les pêcheries. Ce sont des femmes qui ouvrent, vident et nettoient le poisson ; elles sont payées en argent et en aliments, thé, riz ou millet. Chacune d'elles doit préparer chaque jour un nombre fixé de poissons ; si elles dépassent ce chiffre, leurs appointements en sont d'autant plus augmentés.

Il y a de grands saloirs, et rien qu'à la maison Sapojnikov on emploie chaque année 16 millions de kilogrammes de sel qu'on fait venir des lacs de la steppe. Les glacières dans lesquelles on conserve les poissons sont immenses, chacune d'elles peut contenir environ soixante mille kilogrammes de poisson.

Grâce à la complaisance de Piotre Philippovitch qui était décidément un charmant homme, je pus aller visiter une pêcherie, sur un petit vapeur qu'un de ses amis nous prêta. Piotre Philippovitch passait tout son temps de loisir avec moi : il ne m'invitait qu'au restaurant, car sa femme ne voulait plus me voir :

« Tous les deux, vous vous valez ! lui avait-elle dit. »

En revenant des pêcheries nous nous arrêtâmes devant une petite maison ; la maison de Pierre le Grand que Piotre Philippovitch avait tenu à me montrer. C'était le dernier soir que nous passions ensemble à Astrakhan. Tout en dînant et surtout tout en buvant, car Piotre Philippovitch buvait ferme, le pauvre homme cherchait encore à excuser sa femme envers moi. « Elle a des qualités, et surtout elle en avais jadis. Elle est très intelligente et comprend des choses auxquelles je n'entends goutte. Elle me renvoie quand je rentre de bonne heure : alors je vais au restaurant, et je bois ! Je bois beaucoup, je bois trop, mais c'est un peu de sa faute ! »

Puis Piotre Philippovitch m'annonça que, pour la dernière soirée, il voulait se griser à ma santé et il fit comme il l'avait dit.

Quand je le quittai le lendemain, il me demanda de ne pas l'oublier; « quant à ma femme, je ne vous fais pas cette recommandation, qui serait inutile : on ne l'oublie pas quand on l'a connue ! »

Le hasard des voyages m'a fait rencontrer une fois encore Piotre Philippovitch, toujours fort et beau, et toujours bon enfant. C'était en Sibérie, mais il était bien changé : Piotre Philippovitch était gai, Piotre Philippovitch ne buvait plus. Il avait trouvé dans l'administration une place très supérieure à celle qu'il occupait à Astrakhan.

Ce fut lui qui me parla de sa femme. Celle-ci l'avait quitté.

« J'étais vraiment trop bête, me dit-il. Elle n'a pas voulu me suivre et fait aujourd'hui de la philosophie à Saint-Pétersbourg. Je ne la regrette pas, je ne pense guère à elle et nous ne nous écrivons pas. Jamais nous ne nous sommes si bien entendus!

CHAPITRE V

CHEZ LES BACHKIRS DE LA STEPPE
L'HOSPITALITÉ MUSULMANE
UNE FAMILLE DE MOULLAHS

Je me rendis à Oufa, ville principale de la grande province du même nom qui s'étend sur le versant occidental des monts Ourals en remontant un affluent et un sous-affluent de la Volga, la Kama et la Biélaïa. Il y a quelques endroits pittoresques, mais en général la rive est plate et le voyage monotone : la Kama est très large, parsemée de grandes îles vertes, entre lesquelles les bateaux échouent souvent, car les bancs de sable sont nombreux. Lorsque je quittai Kazan pour me rendre dans la région de l'Oural, un de mes amis russes me dit :

« Vous avez un singulier capitaine, il ne conduit bien son bâteau que lorsqu'il est complètement ivre ! »

Nous voyageâmes sans encombres, car le capitaine avait fait tout ce qu'il pouvait pour remplir cette condition, et le Dieu qui est si favorable aux pochards nous avait évidemment pris sous sa garde. Puisqu'il prenait un si grand soin de nous, le dieu des pochards

aurait dû faire complètement les choses, et exter-
miner les insectes qui sur le bateau dévoraient les
voyageurs : on nous nourrissait assez mal, mais
en revanche nous nourrissions admirablement les
punaises.

Oufa est très pittoresquement située en amphi-
théâtre sur la Biélaïa; c'est une ville qui a aujour-
d'hui 60.000 habitants, et qui est appelée à un brillant avenir, car elle est très bien placée sur le versant
de l'Oural et sur la ligne de Sibérie. Le soir de mon
arrivée, mon hôtelier me parla pendant plus de deux
heures de la ville, de la province et du Transsibérien.
Je ne puis m'empêcher de lui dire en allant me
coucher, car sa conversation m'avait un peu fatigué,
que je lui trouvais une façon bizarre de parler la
langue russe.

« C'est singulier, me répondit-il, je trouve aussi
de mon côté que vous ne parlez pas comme vos
compatriotes ».

Nous nous aperçûmes alors que nous étions tous
deux Français.

Le gouverneur de la province, le général Bogda-
novitch, qui fut si malheureusement assassiné l'an
dernier, et à qui j'expliquai mon intention d'étudier
les populations bachkires de la province, m'indiqua
comme lieu d'études le vaste district de Sterlitamak :
je verrais là, me dit-il, les Bachkirs de la steppe et
ceux de la montagne et je serais témoin des progrès
de la colonisation russe. Le district de Sterlitamak
a une étendue de 1.917.358 dessiatines[1]. La pro-

---

[1] Une dessiatine = 1 hect., 0925.

vince d'Oufa avait au recensement général de 1897
2.277.158 habitants parmi lesquels 1.059.126
Bachkirs ; le clergé russe y est très inférieur en
nombre au clergé musulman, il y a 19.890 prêtres
ou moullahs, et seulement 5.388 prêtres orthodoxes.

Le gouverneur me mit en relations avec les prêtres
tatars de la ville qui, prétendait-il, pouvaient me
renseigner sur les habitudes et les mœurs des Bachkirs : les Tatars, ouvriers ou marchands, sont assez
nombreux à Oufa. J'avais espéré trouver de cette
façon des renseignements utiles, mais les prêtres,
qui me recevaient par ordre, m'accueillirent avec
une hostilité mal déguisée. Le gouverneur avait mis
aussi à ma disposition un officier de police qui connaissait très bien le pays ; je m'aperçus bien vite
que l'officier mentait par vantardise et le moullah
par conviction. Ils n'étaient d'accord que sur un
point pour dire du mal l'un de l'autre :

« Défiez-vous du moullah, me disait tout bas l'officier, il est vicieux comme un singe !

— Prenez garde au policier, me confiait mysté-
rieusement le Tatar, il est rusé comme un renard ! »

Un jour pourtant ils furent d'accord : nous nous
étions rencontrés dans un restaurant ; le moullah
n'acceptait de boire que de la bière, car sa religion
lui défendait l'alcool. Je remarquai que l'officier
versait de l'eau-de-vie dans la bière, il avait l'intention de griser le moullah ; mais comme le plaisir
n'est bon que partagé, il but coup sur coup plusieurs
verres de l'affreux mélange qu'il avait composé. Je
cessai de boire et bientôt, dégoûté par eux, je les

quittai au moment où s'embrassant sur la bouche
les deux ennemis se juraient une amitié éternelle.
Le lendemain le Tatar et l'officier étaient de nouveau
irréconciliables !

Voyant que je perdais mon temps à Oufa, je partis :
mon plan était fait, j'avais résolu d'étudier surtout
le district de Sterlitamak, et de faire cependant aussi
quelques excursions dans ceux de Bélébey, d'Oufa,
et de Verkhné-Ouralsk. Sauf pour les excursions
dans la montagne, le voyage est relativement facile
dans la province, du moins sur la longue route postale, parallèle aux monts Ourals et qui va d'Oufa à
Orenbourg, mais je ne suivis pas cette route, et je
préférai prendre des chemins ou des pistes moins
fréquentées et visiter les villages situés le plus à
l'écart et partant les moins connus. Les plus grands
inconvénients du voyage provinrent des affreux véhi-
cules auxquels je dus me confier.

Je trouvai à Bélébey, petit chef-lieu de district,
demi-russe, demi-tatar, le soldat que je devais
emmener avec moi comme domestique ; et comme
interprète il était de race bachkire, avait l'aspect
sévère, la figure revêche, et était incroyablement
sale ; il ne savait pas du tout obéir, mais commandait militairement. Comme la plupart des Bachkirs
depuis trente ans, il avait dû satisfaire au service
militaire, et brosseur d'un général pendant la guerre
de Turquie, il suivit ce dernier à Pétersbourg.

« Comment as-tu trouvé Pétersbourg, lui demandai-je.

— Je ne sais pas ; nous sommes arrivés le soir et
repartis la nuit. Pendant notre séjour dans la ville,

le général allait faire la noce et moi je devais rester debout à monter la garde devant la porte de sa chambre; je n'ai pas vu Pétersbourg ».

Je lui demandai ce qu'il pensait de ses frères les Bachkirs.

« C'étaient de braves gens autrefois, me répondit-il, mais ils sont aujourd'hui tout à fait corrompus; ils boivent et ils fument !

— Mais je n'en vois jamais qui fument !

— Ils fument en cachette les uns des autres ! »

Ce que me disait le soldat était vrai, mais ce qu'il ne disait pas l'était aussi ; il aurait pu ajouter en effet qu'il était le plus corrompu de tous : son ivrognerie était telle que je dus le renvoyer sous prétexte de maladie au bout de quelques jours.

Je me rendis alors en chemin de fer à Chafranovo, station peu importante, qui dessert un gros village tatar, du nom de Slak. Ce village est situé au pied de petites montagnes sur lesquelles un médecin a organisé une station sanitaire de koumys. On trouve beaucoup de stations semblables dans la province et les médecins de Saint-Pétersbourg et de Moscou y envoient les malades dont la poitrine est faible; ceux-ci font une cure de koumys c'est-à-dire de lait de jument fermenté. Le koumys des médecins est peu agréable, et j'ai connu des malades qui préféraient aller faire leur cure chez les Bachkirs eux-mêmes; le koumys bachkir est d'ailleurs bien moins bon que celui que les Kirghizes nomades fabriquent dans la grande steppe d'Asie.

Après avoir quitté le village de Slak, un jour où un important marché avait attiré tous les paysans

des environs, je traversai en télègue me dirigeant
vers la rivière Dioma, une longue plaine culti-
vée par endroits et où poussait du blé, du seigle,
du millet et de l'avoine. L'année avait été mauvaise ; une sécheresse épouvantable avait désolé
le pays, et, dès le mois d'août, la famine avait fait
son apparition dans la province. Les blés et les
avoines paraissaient pourtant en bon état et crois-
saient dru, mais lorsqu'on pressait un épi, on le
trouvait vide et sans grains. La Dioma est une rivière
assez large, profonde et très poissonneuse ; un pont
la traversait, primitivement fait de branches d'arbres
placées sur deux poutres ; nous arrivâmes alors à la
porte du premier village bachkir, dont le nom est
Kiptchak. Je dis bien à la porte, car les villages
bachkirs sont clos, comme presque tous les villages
russes.

Les Bachkirs parmi lesquels je me trouvai pour la
première fois, semblent être les aborigènes du pays.
Il est probable que ce sont eux qu'Hérodote appelait les Massagètes. Les Massagètes vivaient de
chasse et élevaient des troupeaux. Ils avaient le
très singulier privilège de se changer en loups une
fois par an ; aujourd'hui, ils sont devenus, non plus
des loups, mais des Bachkirs et je ne saurais dire
qu'ils aient gagner à cette dernière métamorphose.
Les invasions passèrent près d'eux sans les transformer, la civilisation chercha en vain à les surprendre ; sauvages ils étaient, sauvages ils sont
restés. Soumis à l'obligation militaire, ils ne surent
pas même apprendre la langue russe, et dans leur
contact avec les soldats, ils ne prirent à ceux-ci

que leurs défauts. Ils firent la dernière campagne
de Turquie, mais 'n'en ont conservé qu'un souvenir
imprécis; peut-être n'en veulent-ils rien dire, car
une guerre contre le sultan devait paraître impie
à des musulmans. Quelques vieillards me parlè-
rent aussi de leurs pères qui vécurent jadis dans un
pays éloigné et sauvage où l'on ne se nourrissait
que de semelles et de tiges de bottes : c'était en
1815 et le pays dont il s'agissait et dont nos interlo-
cuteurs avaient le plus souvent oublié le nom, était
la France. J'aurais pu leur dire qu'ils ont trouvé souvent un mets plus exquis et que les Bachkirs venus
pendant l'invasion dévorèrent aussi les délicieux
produits des fabriques de chandelles qu'ils dévali-
sèrent à Saint-Quentin. On parle encore d'eux dans
cette ville.

Les Bachkirs sont restés, à mon avis, au point de
vue intellectuel et social en retard même sur les
Kirghizes, les Sartes, ou les Dounganes qui habitent
le vaste désert de l'Asie. Ils formèrent longtemps des
groupes nomades; l'élevage était leur seule occupation; ils habitaient des huttes de terre pendant
l'hiver, puis, l'été venu, ils suivaient leurs troupeaux
de plaine en plaine. La vie était facile alors : il n'y
avait aucune entrave à la marche des conducteurs
de troupeaux; ils étaient partout les maîtres; les
chevaux et les moutons leur fournissaient les
objets et les aliments nécessaires à la vie : de
la laine et des peaux pour se vêtir, du feutre
pour s'abriter; le lait de jument transformé en
koumys était leur nourriture essentielle et quo-
tidienne, et suffisait amplement, avec quelques

6.

tranches de mouton ou de cheval aux jours de fête, à leurs estomacs primitifs et peu exigeants.

Pour qu'une pareille vie fût encore possible, il leur fallait rester les maîtres chez eux, conserver leurs terres, ne les vendre jamais, empêcher l'infiltration parmi eux de tout élément étranger : c'est ce qu'ils ne surent pas faire.

Les Bachkirs vendirent en effet peu à peu une partie de leurs terres ; à vrai dire, ils ne se rendaient pas compte de ce qu'ils faisaient ; ils vendaient, dix, cent hectares pour quelques livres de sucre ou de thé. Il existe à Pétersbourg de grandes fortunes dont de tels marchés ont été l'origine. Des colons vinrent ensuite, et l'État les encouragea à devenir propriétaires ; une répartition nouvelle devint nécessaire et on fixa alors la part de chacun ; nous le verrons clairement d'ailleurs dans le chapitre où nous étudierons la colonisation russe dans l'Oural.

Les colons, dès leur arrivée, ont changé l'aspect du pays. Ils ont labouré les steppes, et transformé peu à peu en champs productifs des terres qu'on déclarait mauvaises et impropres à la culture. Il y a encore de vastes pâturages, de grandes plaines désertes où de nombreux bestiaux peuvent paître à leur aise, mais les champs cultivés sont aujourd'hui autant de barrières, autant d'obstacles à la marche des caravanes. Dès leur apparition, la grande vie nomade devint impossible ; les immenses troupeaux ne pouvaient plus vivre, or les Bachkirs vivaient uniquement de leurs troupeaux et pour leurs troupeaux.

Ils ont cruellement souffert de ces transformations

qui ont troublé leur vie et leurs habitudes, et dans la plupart des villages, on a pu constater une grande diminution dans la population. Les maladies rongèrent en effet plus facilement un peuple que la misère leur livrait sans défense : la tuberculose que la syphilis avait précédée, envahit des villages entiers. Poussés par le besoin, les Bachkirs cherchèrent, bien à contre cœur, à imiter les Russes, ils essayèrent de travailler la terre, et d'insouciants meneurs de troupeaux qu'ils étaient, ils sont devenus de détestables agriculteurs.

Je choisis donc entre la Dioma et la Biélaïa, comme lieux d'études et centres d'excursions, les villages bachkirs de Kiptchak, Mourzagoulova et Ously. Tous ces villages diffèrent peu comme aspect des villages russes. On les reconnaît facilement dès qu'on y pénètre, car on n'y trouve presque jamais les animaux domestiques, poules, canards, oies, cochons, qui peuplent les basses-cours des paysans russes. De loin, les minarets des mosquées se découpent, gracieux et pittoresques, mais vus de plus près, ils semblent grossiers, les mosquées ne sont que des maisons faites primitivement de poutres branlantes et de planches mal jointes. Les paysans des deux races ne se fréquentent guère et ne s'aiment pas : les prêtres tatars et les popes russes sont toujours là d'ailleurs pour exciter leurs paroissiens les uns contre les autres, quand la paix semble près de se conclure entre eux. Les Bachkirs qui regrettent le temps passé et dont les récits des vieillards décuplent les regrets, disent qu'ils ont été dépouillés par les paysans russes, et le plus doux compliment qu'ils adressent à ceux-ci est de les traiter de voleurs. Je crois d'ailleurs qu'un Bachkir ne veut ou ne peut jamais arriver à comprendre qu'une terre qu'il a vendue ne lui appartienne plus. De son côté, le Russe d'ordinaire si souple et qui dans l'Asie centrale a pris parfois la langue, les habitudes et le genre de vie des peuples conquis ou soumis auprès desquels il vit, s'est montré réfractaire à l'influence bachkire, et dans les villages russes rencontrés sur ma route, je n'ai presque jamais trouvé de paysans parlant convenablemént la langue des indigènes et capables de me servir d'interprètes. Il est pourtant une habitude que les Russes ont trouvé bon d'adopter : les Bachkirs sont grands voleurs de bétail et c'est toujours une fierté pour un père quand le fils est passé maître dans l'art de voler les chevaux des villages voisins. Les Russes qui furent d'abord souvent volés, sont devenus à leur tour voleurs, et de représailles en représailles, on a vu le même cheval passer plusieurs fois au cours d'une même année dans des haras différents.

Dans chaque village, je demandai en général l'hospitalité au prêtre qui était tantôt de race bachkire, tantôt d'origine tatare. Les Tatars étaient les plus dissimulés, les plus souples et les plus influents. Dès que mon arrivée était signalée, les habitants accouraient tous pour me voir, dans l'espoir que je les inviterais à boire ou à manger ; ils étaient d'abord assez froids et peu communicatifs, et ce n'était qu'à force de petits cadeaux sans valeur d'ailleurs, cigarettes, morceaux de sucre, objets de

bimbloterie, et à force d'amabilités faites en conte-
nant mon impatience, que j'obtenais d'eux des renseignements souvent trop peu précis.

Lorsque j'arrivai à Kiptchak, couvert de poussière,
je m'arrêtai tout d'abord devant une colline sablonneuse sur la pente de laquelle se trouvait un cimetière : sur chaque tombe, de longues pierres minces,
fichées en terre sur la pointe, rappelant un peu nos
vieux monuments bretons de Carnac ou de Locma-
riaquer ; sur les tombes les plus récentes, on avait
entassé des tas de pierres rectangulaires, toujours
en nombre impair, si j'en crois ce qu'en disait mon
guide. Tout à fait à l'extrémité du cimetière, un
homme creusait une fosse dans la terre. Je lui
demandai s'il était le fossoyeur du village ; il me
répondit assez froidement que son petit garçon était
mort pendant la nuit et qu'il creusait lui-même la
tombe de son fils. Il s'arrêta quand le trou eut atteint
environ un mètre de profondeur, et quelques instants après, il apporta le cadavre dans ses bras ;
un moullah le suivait, qui l'aida à coucher l'enfant
dans la terre, sans cercueil : le corps fut placé sur le
côté, le visage tourné vers la Mecque. Le prêtre dit
quelques prières, puis, prenant son compagnon par
la main, il l'emmena à pas lents.

Je les suivis et j'entrai dans l'unique rue du village, qui me semblait vide. Mon guide me conduisit
dans la maison d'un Bachkir qui, me disait-il, était
le plus riche du village. Celui-ci vint à ma rencontre,
en me tendant, en signe de respect, les deux mains
à la fois ; quelques autres hommes, renfrognés,
apparurent alors, l'air très peu engageant. Ils m'ont

avoué ensuite qu'ils m'avaient pris pour un nouveau
fonctionnaire qui venait chercher chez eux un cadeau
de bienvenue.

Fig. 6. — Le vieux bachkir de Kiptchak.

« Nous avons été très vite aimables pour toi, me
disait alors l'un d'eux, quand nous avons vu qu'au
lieu de nous demander de l'argent, tu nous en
donnais »...

Le vieux me fit entrer dans sa maison, m'offrit un siège et me dit qu'il me priait de rester chez lui aussi longtemps que je le voudrais. La chambre que j'occupais était assez vaste ; il y avait là une table et deux chaises ; au-dessus de ma tête pendaient au plafond des pelisses en peau d'ours, des guêtres en peau de loup et de mouton, de grandes bottes de feutre, et toutes les fourrures de l'hiver. Mon hôte m'apporta bientôt un verre d'assez mauvais koumys, puis un gros poisson coupé en morceaux et cuit dans la graisse de mouton. Le poisson bien préparé aurait été délicieux ; cuit par les Bachkirs, il dégageait une odeur peu appétissante. J'avais avec moi un ami de Saint-Pétersbourg, M. Gabriel Lagerquist que j'avais invité à m'accompagner pendant quelques semaines. Nous contemplâmes le plat et nous nous regardâmes sans enthousiasme, mais nous mourrions de faim et sans fourchette, nous nous partageâmes le poisson. Mon ami put manger, car notre hôte réservait à moi seul toutes ses attentions, et il tenait à ôter de mon assiette, avec ses gros doigts sales, toutes les arêtes qui apparaissaient dans la chair du poisson : j'étais très peu sensible à cette politesse et, bientôt écœuré, je cessai de manger.

Au bout de quelques heures, la cour était pleine de Bachkirs, tous les habitants s'étaient réunis pour me voir. On se montrait pourtant assez froid avec moi : on m'interrogeait, on voulait savoir d'où je venais, qui j'étais, et ce que je voulais faire parmi eux. Je me mis à leur raconter mes voyages en Asie, et les aventures que j'avais eues lorsque je fis partie d'une caravane kirghize ; je leur parlais en russe, mêlant pourtant de temps à autre à mon récit les quelques expressions tatares ou musulmanes dont je me souvenais encore. Ceux qui connaissaient la langue russe m'écoutaient en hochant la tête, quelquefois ils riaient de bon cœur et traduisaient mes plaisanteries aux autres ; ils trouvaient enfin que le sauvage de France s'était quelque peu civilisé en vivant si longtemps parmi les musulmans et qu'il était devenu un compagnon assez agréable. La glace était rompue, et quelques pièces de menue monnaie données aux plus pauvres, quelques bonbons offerts aux enfants me valurent de chaleureuses poignées de main, de bons sourires et de terribles puces. Je pris le thé suivant la coutume russe avec du citron, j'en offris quelques tranches qui circulèrent de bouche en bouche, tour à tour sucées avec délices ; le vieux Bachkir qui me donnait l'hospitalité m'appelait : « Petit ami ! » j'étais devenu tout à fait populaire ! Les plus hardis s'approchèrent et prirent, lorsque j'eus fini de boire mon thé, la tranche de citron qui m'avait servi et les bouts de cigarettes que j'avais jetés et qu'ils chiquèrent avec délices. L'un d'eux voyant sa femme arriver se retira le tabac de la bouche, en fit deux parts et offrit la plus petite à sa moitié.

J'en profitai pour demander si je pourrais photographier les femmes. Ce fut aussitôt un grand tumulte suivi de conciliabules, mais j'avais fait décidément la conquête du village, car on ordonna à cinq femmes d'aller revêtir leurs parures des jours de fête ; elles obéirent avec une mauvaise humeur évidente : elles allaient à pas lents lorsque mon soldat fit entendre un grognement formidable ; elles crurent peut-être que je me fâchais, et se mirent à courir à toutes jambes. J'éclatai de rire de bon cœur et tous les Bachkirs en firent autant.

« Tu ne bats jamais tes femmes, dis-je au vieux Bachkir ?

— Non, répondit-il, dans le temps pourtant, peut-être quelquefois !

— Montre-les moi.

— Je ne peux pas, elles sont mortes toutes les deux !

— Je comprends alors, dis-je, pourquoi tu ne les bats plus.

— Il y a chez nous un proverbe, dit gravement le Bachkir : si tu veux que ton chien sache que tu es le maître, bats ta femme.

— Oh ! s'écria mon ami Lagerquist tout à fait indigné, pour arriver à un tel but, il aurait suffi de battre ton chien !... »

Les femmes bachkires portent le même vêtement que les hommes, pantalon bouffant, long vêtement en forme de robe de chambre un peu courte, bottes de cuir ou en écorce de bouleau ; les hommes ont, même pendant les jours les plus chauds, un bonnet de fourrures, et les femmes une sorte de toque ou plutôt de petit turban, mal noué, fait de linges plutôt sales. Elles ont quelquefois des jupes courtes, mais leurs jambes sont alors hermétiquement enveloppées dans un pantalon ou dans des étoffes enroulées.

« Vos femmes ne se voilent pas, leur demandai-je ?

— Non, rarement, me fut-il répondu, chez nous ce sont les jambes et non le visage qu'une femme ne doit jamais montrer. »

Mon soldat me fit entendre que peut-être on pourrait prier, si je le désirais, une vieille femme de faire une exception pour moi, je répondis vivement que ce que j'avais vu suffisait et que je ne me sentais aucun autre désir. Les cinq femmes cependant étaient revenues. Elles n'avaient pas changé de costume, elles ne s'étaient pas lavées, car cela porte toujours malheur aux enfants quand la mère se débarbouille, mais elles avaient revêtu la parure nationale, un bonnet de soie recouvert de pierreries, d'amulettes et de pièces d'argent. Le bonnet leur couvrait la tête et les épaules, et d'autres parures leur tombaient comme des colliers sur la poitrine, fixées à chaque côté du bonnet : les montures ordinairement en argent ciselé augmentaient considérablement le poids de leur coiffure. C'étaient là des bijoux de familles qu'un voyageur ne peut jamais acheter ; ils avaient passé de générations en générations, et même aux jours de famine et de misère, les femmes auraient refusé de s'en séparer ; les maris eux-mêmes d'ailleurs n'y auraient jamais consenti et les âmes des parents défunts auraient vengé un tel sacrilège. Les pierres préférées des Bachkirs sont le rubis, la turquoise, la sardoine, la tourmaline et l'améthyste : les parures de corail sont, elles aussi, très appréciées. On sait que les monts Ourals sont riches en pierres précieuses : les rubis-saphirs de l'Orient sont les plus beaux du monde entier ; les rubis ne le cèdent en beauté qu'à ceux de Ceylan, et les émeraudes qu'à celles du Brésil. Les phénakites, les tourmalines roses, les ouvarovites vertes sont des pierres spéciales aux monts Ourals, où l'on trouve aussi, en grande quantité, des béryls, des aigues-marines, des topazes jaunes, roses ou blanches, et des chrysolites de la plus rare couleur et de la plus grande qualité.

Les cinq femmes bachkires se mirent en rang devant mon appareil : elles étaient convaincues qu'elles commettaient un péché, et comme beaucoup de femmes qui ne sont pas aussi sauvages, elles n'aimaient guère que les péchés qui leur apportaient du plaisir. Les plus vieilles cependant semblaient indifférentes et résignées, mais la plus jeune était comme un mouton qu'on mène à la boucherie et qui ne veut pas avancer; mais que pouvaient-elles faire, les malheureuses ! Comment résister ? D'ailleurs c'étaient leurs maris eux-mêmes qui les envoyaient au sacrifice, et, puis, argument tout à fait décisif, la police était là, par conséquent Dieu le voulait, sa volonté était manifeste !

Tous les hommes demandèrent ensuite à poser devant l'appareil : je photographiai les types les plus curieux, les autres alors me supplièrent de les photographier eux aussi, je les plaçai en tas et je fis un groupe dans lequel je ne pus prendre que les Bachkirs qui se trouvaient au milieu; mais tous étaient contents et chacun croyait avoir été photographié. Un vieux, enchanté, se jeta à quatre pattes devant moi et il posa son front sur la terre en signe de remerciement. On me demanda alors d'ouvrir ma boîte et de donner à chacun son portrait.

« Non, dis-je, j'ai pris votre image le jour, c'est la nuit seulement que je peux l'en faire sortir. J'ouvre alors la boîte — (et avec un grand geste, je poussai un sifflement qui fit faire à la plupart un pas en arrière) — et l'image sort aussitôt ! »

Mon explication à laquelle ils ne comprirent rien parut les satisfaire ; leur conviction d'ailleurs était qu'un photographe était toujours un peu sorcier, et ils trouvaient naturel qu'une sorcellerie ne pût s'exercer que la nuit. De temps à autre, mon compagnon de voyage et moi nous allions visiter les maisons du village ; nous formions un groupe pittoresque avec notre troupe d'hommes sauvages suivis de gamins tout nus, sous leurs chemises, largement trouées les unes par devant, les autres par derrière et desquelles sortaient tout triomphants leur ventre ou leur postérieur.

Ce fut un vrai désespoir lorsque je quittai le village. Les Bachkirs venaient tour à tour me prier de rester ; tous ces pauvres gens, qui étaient, même les plus vieux, de vrais enfants, s'amusaient de ma présence, et la visite que je leur faisais, rompait la monotonie et la tristesse de leur vie. Je serais resté peut-être plus longtemps, mais mon brave homme d'hôte m'agaçait ; c'était un vieillard épris du passé qu'il regrettait amèrement ; il m'étourdissait en me racontant ses petites affaires : trois roubles qu'on lui avait volés dix ans auparavant, l'impôt à payer tous les ans, le vétérinaire russe qui l'avait forcé d'abattre un jour deux chevaux malades, les terres bachkires dont s'étaient emparés les Russes, tout cela revenait tour à tour dans sa conver-

sation, sa pauvre cervelle n'en pouvait pas tant supporter et je parierais volontiers que depuis mon
retour le pauvre homme est devenu complètement
fou; il l'était un peu déjà ! Je le vois encore me
mettant en voiture : « Pourquoi ne pas rester chez
nous, tu habiteras dans ma maison, je te nourrirai.
Enfin promets au moins que tu nous reviendras ? »

Je promis tout ce qu'on voulut, les hommes, qui
tenaient nos chevaux à la bride, les lâchèrent, et
nous partîmes au grand galop. Les Bachkirs nous
souhaitèrent en criant bon voyage et mon compagnon me dit alors en riant :

« Eh bien, il a fallu que je vienne ici pour comprendre combien vous étiez digne d'être Bachkir.
Ils vous acclament comme si vous étiez l'un des
leurs ! »

De Kiptchak à Mourzagoulova, la route fut longue
et monotone ; les herbes étaient si sèches qu'une
allumette mal éteinte, imprudemment jetée sur le sol
aurait pu produire un de ces incendies de steppe
qui sont si terribles. Nous traversâmes deux misérables hameaux russes, si pauvres qu'il nous fut
impossible d'y trouver même des œufs. Dans les
terres cultivées, des Bachkirs faisaient les foins, et
chemin faisant, je rencontrai quelques voitures primitives conduites par des grands et des petits russiens : les premiers, blonds, portaient selon l'usage
la blouse flottante qui leur sert aussi de chemise,
tandis que les seconds, bruns pour la plupart, l'enfonçaient dans leurs pantalons.

De Mourzagoulova, dès mon arrivée, j'entendis
des cris, le village entier m'attendait et à la tête des

paysans, un soldat de police, Antonov, qu'on aurait pris pour un Russe bien qu'il appartînt à la race des Mordves. Antonov devait remplacer auprès de moi le soldat bachkir dont j'étais excédé. Il y a environ 800 000 Mordves en Russie, ils sont dispersés dans tous les gouvernements de la Russie Orientale ; ils sont très russifiés, pratiquent la religion orthodoxe, sont honnêtes et travailleurs. Si l'on faisait la carte ethnographique complète de la Russie, on voit par tous les noms que je suis obligé de citer, qu'on y constaterait une véritable mosaïque de peuples.

Je descendis de voiture, toutes les mains se tendirent ; des cavaliers venus de l'autre village m'avaient annoncé. On me conduisit dans la maison du moullah qui m'avait de suite offert l'hospitalité ; nous croisâmes un troupeau de moutons, on choisit l'un des plus beaux ; un Bachkir s'agenouilla, passa la tête sous le ventre de la bête, et l'emporta ainsi en le tenant par les pattes. Le mouton fut étendu à terre, les pattes liées, auprès de la maison que je devais habiter et, d'un seul coup, un des Bachkirs lui ouvrit la gorge avec son couteau : la bête se tordit plusieurs fois, le sang s'échappait à flots de sa blessure, et un râle sortait de sa poitrine. Les chiens du village, affamés et à demi sauvages étaient accourus et buvaient le sang encore chaud qui coulait en ruisseaux, seule nourriture peut-être qui leur fût donnée sans compter. Voulant régaler le village, je dis que je désirais acheter le mouton et l'offrir à tous en festin comme cadeau de bienvenue. Les villageois me dirent qu'ils préféraient me l'offrir, mais quand ils virent l'argent sortir de ma poche, ils acceptèrent mon invitation et nous n'en fûmes que meilleurs amis.

A ce moment, j'entendis la voix du muezzin qui appelait ses frères à la prière. Les musulmans me quittèrent brusquement, chacun d'eux alla revêtir son turban et se rendit à la mosquée ; je les y suivis, le moullah chanta des prières selon le rythme accoutumé et les fidèles qui avaient laissé leurs chaussures à la porte, frappèrent plusieurs fois la terre de leur front.

J'étais rentré depuis quelque temps déjà lorsqu'on m'avertit que des musiciens venaient d'arriver. L'un d'eux jouait du kobus, petit instrument bizarre fait quelquefois en bois, le plus souvent en fer, qu'on place dans la bouche en le faisant vibrer avec le doigt, et que j'ai retrouvé chez tous les peuples d'Asie, depuis l'Oural jusqu'à Pacifique ; l'autre jouait de la kouraï, longue flûte en roseau avec laquelle il accompagnait, non sans art, la voix des chanteurs. Plus que tous les autres insectes, les mouches sont nombreuses dans les maisons bachkires où abondent aussi les puces, les punaises et les cafards jaunes, ceux-là même que les Russes appellent des prussiens et que les Prussiens appellent des russes. Dans la chambre, où avait lieu le concert, des milliers de mouches volaient, je m'amusais à contempler le visage du joueur de flûte, qui, gras et sale, était couvert de mouches : celles-ci le trouvaient à leur goût, le chatouillaient, lui montaient dans les narines, entraient dans ses oreilles : lui, restait calme et immobile. Je crois que, sous la couche de crasse qui le couvrait, il ne devait plus rien sentir. Je lui

demandai l'explication de la chanson : il répondit
qu'il était poète et qu'il improvisait toujours. Il
avait célébré ma venue sur un motif populaire; il
m'affirma qu'il n'avait dit que du bien de moi et
de mon compagon. Les Bachkirs se mirent ensuite
à danser, mais leurs danses n'étaient pas gracieuses
elles n'avaient rien de caractéristique. C'étaient
lourdement exécutées quelques-unes des danses
que j'avais vues déjà, soit dans les régiments, soit
dans les villages russes.

Tout à coup un vieux bonhomme se leva et me dit :
« Je m'appelle Ali. »

Je l'en félicitai, et j'allais lui tourner le dos quand
il continua : « Ne m'interromps pas. Je voulais te dire
quelque chose. Il y a vingt ans, un général comme
toi est venu dans le village. Eh bien, sais-tu ce qu'il
a fait, Excellence ? Il m'a donné un rouble pour
régaler de koumys toute la société. »

Je compris où le vieux désirait en venir, et, plus
généreux que le général, je lui remis un rouble et
demi.

Le vieillard qui était très rusé, me joua la scène
du bourgeois gentilhomme, il s'efforça de me « taper »
encore ; cette fois il ne m'appelait plus Excellence,
mais Haute-Excellence. Je le priai d'aller dans l'autre
pièce boire le koumys avec ses camarades, que
j'entendais rire et chanter ; ils étaient tous un peu
gris, je crois. Nous restâmes seuls, mon compagnon
et moi, avec le moullah qui nous donnait l'hospitalité.
Pour changer un peu l'odeur de la chambre, je jetai
à terre quelques gouttes d'eau de Cologne. Très
curieux, le moullah me demanda de lui en verser dans

le creux des mains et avant que je n'aie eu le temps
de l'arrêter, il s'en frotta le visage. L'eau de Cologne
lui brûlait les yeux et il faisait la grimace la plus
comique du monde; mais au lieu de se fâcher il se
mit à rire aux éclats ; puis il sortit et son fils vint
quelques instant après me demander de lui donner
un peu de cette eau qui piquait si bien les yeux. Je
lui en versai quelques gouttes, il s'en alla raconter aux
autres le plaisir qu'il venait d'éprouver. Les Bachkirs
rentraient cependant chez eux ; la nuit, très sombre,
était tombée ; je regardais mélancoliquement les
larges planches sur lesquelles je devais me coucher,
et je dis à mon cocher : « Pourvu qu'il n'y ait pas
de punaises dans la maison ! » Antonov qui m'avait
entendu, fit le salut militaire, tourna sur ses talons,
courut à la porte, l'ouvrit tout grande et appela d'une
voix tonnante.

« Moullah !... »

Le prêtre accourut aussitôt :

« Y a-t-il des punaises chez toi ?

— Non, répondit le moullah, trouvant la question
toute naturelle, il y a bien des cafards, mais pas de
punaises. »

Je m'étendis alors sur les planches ; au-dessus de
ma tête pendaient des peaux de mouton et des robes
de chambre en soie de Boukhara. Au mur, luxe rare
chez un Bachkir, se trouvait une horloge, qui, chose
plus rare encore, marchait. Autour d'elle, étaient
cloués des versets du Coran, des images, un plan de la
Mecque ; dehors, un profond silence régnait, troublé
parfois par les aboiements des chiens qui sentaient
les loups en chasse autour du village, et je m'en-

dormis profondément sous le toit des deux prêtres de Mahomet dont le plus jeune était destiné à devenir mon cocher le lendemain !

Le moullah de Mourzagoulova était intelligent et sympathique ; il répondit toujours aimablement à mes questions, et s'efforça de me donner des renseignements clairs ; mais malgré toute sa bonne volonté, ses réponses avaient toujours je ne sais quoi d'imprécis et d'inachevé. Il n'aimait pas à mal parler des Russes, et affectait de les juger avec indulgence ; il ne semblait pas regretter le passé, et dans la crainte de se compromettre par une réponse maladroite, il me faisait interroger les autres. Un Bachkir n'a d'ailleurs jamais l'air de comprendre ce qu'on lui demande, et en vérité je crois que la plupart du temps il ne comprend pas en effet. Les renseignements ethnographiques, l'origine des mots géographiques, l'explication des us et coutumes, les légendes et les chansons antiques, les proverbes populaires, si faciles à recueillir chez les nomades de l'Asie, chez les Kirghizes ou les Turkmènes, sont chez les Bachkirs presque impossibles à découvrir. On les interroge en vain, ils ne veulent rien savoir, et souvent ne savent rien : on a donc tort de se fâcher et de les accuser de mauvaise volonté. Les paroles mêmes de leurs chansons ne sont que des improvisations peu intéressantes accompagnées d'un air connu. On chante que la forêt est belle, quand on en traverse une, que l'hôte entré dans la maison est le bienvenu, s'il vient de s'en présenter un. Ce que les Bachkirs aiment surtout, c'est à gémir sur le passé ; chaque soir, lorsque j'avais réuni autour de moi les habitants du village où je me trouvais, j'interrogeais les vieux sur leurs souvenirs de jeunesse : les jeunes n'auraient jamais voulu répondre, car ce n'est que lorsqu'on a des cheveux blancs, qu'un homme, me disaient-ils, raconte et se souvient. Les vieux me dépeignaient les plaisirs de jadis, la vie passée librement au grand air, telle que leurs pères l'avaient menée, et que les plus âgés d'entre les vieillards pouvaient seuls se vanter d'avoir connue. Ils me disaient les grandes courses des jours de fête, les luttes contre les loups qu'ils poursuivaient à cheval jusqu'au moment où la bête épuisée tombait mourante de fatigue, la chasse aux oiseaux, sans armes, et le faucon sur le poing, les légendes racontées au clair de lune, près de la tente de feutre, devant la steppe mystérieuse, pendant les nuits étoilées de l'été. J'ai vu des Bachkirs pleurer, profondément émus, pendant que les vieux nous décrivaient la libre vie d'autrefois, l'heureuse existence à jamais disparue, et je trouvais là le secret de la décadence d'un peuple qui vit du souvenir imprécis d'un époque meilleure et lointaine, en proie à la pauvreté, à la misère et à la faim, sans penser qu'avec un peu d'énergie, de volonté et de travail il trouverait largement un remède à ses maux.

« Nos Bachkirs sont des ignorants, me disait le moullah de Mourzagoulova, mais ils ont le désir de vivre en respectant la loi de Dieu, et c'est à nous les moullahs, de les enseigner et de les guider dans le chemin de la vertu ! »

Les Bachkirs sont des musulmans, les moins

fanatiques de tous, mais il n'est pas impossible de
les fanatiser ; ce sont de pauvres gens très ignorants
comme le disait en effet le moullah de Mourzagoulova, peu intelligents, ni bons, ni mauvais, mais dont
la destinée était de trouver une tutelle ; les prêtres
tatars ont réclamé cette tutelle et ont entrepris
de diriger les Bachkirs de façon à en tirer profit. Les
prêtres qui servent dans les mosquées de Bachkirie
sont en effet souvent de race tatare, mais pas toujours, comme l'on pourrait le croire si l'on s'en rap-
portait à ce qu'ils racontent tous. Les prêtres bachkirs semblent, en acquérant quelque instruction,
apprendre à rougir de leur origine et ils se vantent
alors, avec d'autant plus de vanité et d'assurance
que leurs prétentions sont moins fondées, d'appartenir à la race tatare ; ils trouvent à cela une sorte
de noblesse. J'avais déjà observé la même faiblesse
chez les prêtres kirghizes de l'Asie, qui aiment toujours à affirmer qu'ils sont d'origine sarte et non de
race kirghize. Le rôle que joue en Europe le prêtre
tatar est absolument semblable à celui du prêtre
sarte en Asie, et, tous deux, ils excitent contre les
Russes et la Russie, avec plus ou moins de mystère
et plus ou moins ingénieusement, les musulmans
qu'ils enseignent. C'est une lutte sourde qu'ils
mènent avec une grande habileté ; bien des événe-
ments l'ont prouvé depuis quelques années parmi
lesquels je compterai les désordres si graves d'An-
dijane. Le Sarte et le Tatar, tous deux fanatiques et
tous deux catéchisant, voilà deux des plus grands
ennemis intérieurs de la politique russe, d'autant
plus dangereux que l'influence sur les âmes prend

un caractère religieux et échappe en partie du moins à tout contrôle sérieux.

Les Bachkirs sont monothéistes : à leur avis, un seul Dieu existe, qui est à la fois dans le ciel et sur la terre.

« Dieu est le même partout, dans tous les pays du monde, me déclarait un Bachkir, toutes les religions se valent, et seuls les livres diffèrent. »

Le moullah, qui entendait ce propos, n'osa rien dire devant moi, mais il haussa les épaules et lança au Bachkir un coup d'œil plein de blâme. « Il n'y a qu'un vrai Dieu, déclara-t-il simplement, celui que fait connaître le Coran ! »

Les Bachkirs croient à une récompense future, mais ils ne se représentent guère ce que pourrait être une pareille récompense.

Pour l'obtenir, me déclarait un moullah de Mourzagoulova, il n'est pas seulement nécessaire de faire le bien, il faut surtout ne pas faire le mal et fréquenter assidûment la mosquée. Malheureusement, la jeunesse chez nous n'est pas sérieuse et va s'amuser au lieu d'assister aux offices : les vieillards vont à l'office, et pendant qu'ils prient, les jeunes gens les trompent avec leurs femmes. Ce n'est que lorsqu'un homme n'a plus de dents, qu'il devient vraiment pieux ! »

— Ah, mon pauvre moullah, m'écriai-je en riant, c'est la même histoire partout, mais que voulez-vous, les jeunes gens n'ont pas le temps de tout faire : ne pas courtiser les femmes, se consacrer aux bonnes œuvres, aller à la mosquée, mais vous leur en demandez trop ! »

Le moullah hésita un moment et me dit :

« S'ils venaient seulement à la mosquée, ils pourraient racheter leurs péchés par des aumônes ! Ah, le métier de moullah devient bien difficile, mes fidèles ne me rapportent pas grand chose, et le gros pope du village voisin vient trop souvent dans mon village ! »

Je tenais en quittant le moullah à le payer de son hospitalité, mais il ne voulut rien accepter ; son fils refusa comme lui, mais lorsque celui-ci me servit de cocher, il perdit ses scrupules avec sa dignité, et il accueillit favorablement mes pourboires. Quoi qu'il en soit, le moullah principal m'avait profondément touché par ses attentions presque délicates et par son apparence de civilisation. Un journal de Paris m'ayant demandé une chronique, je lui envoyai le récit de quelques aventures que j'eus avec le moullah et je le parais d'une auréole de piété et de vertu.

La route qui va de Mourzagoulova à Sterlitamak est pénible, monotone et poussiéreuse. Les roues du tarantas soulevaient des nuages de poussière qui nous enfermaient dans leur épaisseur opaque. Nous ne pouvions rien voir parfois, ni en avant ni en arrière. Antonov affirmait que dans ses courses à travers la province, il n'avait jamais rien observé de pareil, et comme il était, bien qu'il s'en défendît, très superstitieux, il se demandait si quelque sorcier ne nous avait pas jeté un sort. Ces préoccupations ne lui ôtaient pas l'appétit : si mon premier guide avait eu toujours soif, mon second ne cessait d'avoir faim.

« Il faut nous arrêter à Ously, me dit-il, il y a là
un excellent homme appelé Iouline, chez qui nous
trouverons un déjeuner succulent : il accueille toujours très bien les voyageurs qui passent... »

Et nous nous arrêtâmes chez Iouline : c'était un
homme intelligent, sans le moindre scrupule d'ailleurs. Il avait été quelque temps maître d'école,
mais il trouva vite qu'un tel métier n'emplit la
bourse de personne ; il résolut de profiter de la naïveté des Bachkirs, et il s'établit commerçant à
Ously : l'usure était le plus clair de son profit, il la
pratiquait en maître. Il regrettait amèrement le
temps où les Bachkirs ne connaissaient pas du tout
la valeur de l'argent, et payaient vingt fois son
prix la moindre bagatelle qui les tentait. On vole
aujourd'hui moins facilement, mais on peut prêter
à des taux excessifs et un usurier devient vite propriétaire. Il y a presque toujours un individu de
cette nature dans les villages bachkirs ; il est d'accord avec le scribe russe, chargé de la mairie
du village, sorte de secrétaire à tout faire, qui se
fait craindre du maire et auquel il est toujours facile
de graisser la patte. Juste retour des choses d'ici-
bas, si les paysans bachkirs sont volés par les usuriers russes, les paysans russes ne le sont pas moins
par les usuriers juifs ou arméniens. Iouline avait
une certaine influence, et il savait, par des cadeaux,
des prêts faciles ou de bons déjeuners, se concilier
la faveur de certains fonctionnaires, qui fermaient
les yeux sur ses exactions. On tient toujours bien le
fonctionnaire à qui l'on a prêté de l'argent, sachant
d'avance qu'il ne pourra jamais le rendre et

par ce moyen on fera de lui tout ce qu'on voudra.

De loin, la ville de Sterlitamak nous parut charmante ; depuis longtemps, nous ne voyions que de misérables villages perdus dans la steppe infinie ; un grand centre comme Sterlitamak nous fit l'effet d'une capitale : son église, toute blanche, égayait le paysage, ses deux mosquées de bois étaient ornées de minarets légers, et çà et là, au milieu des maisons jaunes, se dressaient des arbres verts, grands peupliers noirs et bouleaux argentés. Il n'y a rien de trompeur et d'exaspérant, après un long voyage, comme la vue d'une grande ville dans la steppe : son apparition vous charme, et on se réjouit à la pensée que dans vingt minutes, dans trente au plus tard, on pourra reposer enfin ; la ville cependant ne paraît pas se rapprocher, on l'aperçoit toujours à la même distance, les chevaux vont au galop et pourtant la voiture semble rester en place. Ce n'est pas trente minutes, mais deux heures, trois heures quelquefois qu'il faut, pour atteindre la ville. L'auberge de Sterlitamak était primitive, mais passable ; en arrivant, le patron nous avait dit :

« Vous mangerez bien, car nous avons presque un cuisinier français ! » C'était en effet un bon cuisinier, mais je n'ai pas pu comprendre en quoi un paysan russe pouvait être presque français.

Sterlitamak est après Oufa, chef-lieu de la province, et Zlataoust, ville industrielle où se trouve la grande manufacture impériale d'armes blanches, le plus grand centre de la région. Elle est peuplée de 15.538 habitants, chiffre aujourd'hui inférieur à la vérité, car le nombre des habitants s'est considérablement accru depuis le recensement de 1897. Ceux-ci sont pour la plupart russes, on trouve aussi beaucoup de Tatars, mais peu de Backhirs, car ces derniers se plient difficilement aux exigences de la vie urbaine. La ville comprend plusieurs églises, dont l'une, celle que l'on aperçoit de si loin, est très grande ; les mosquées sont vastes ; le bazar, fait de petites échoppes en bois, couvre, près de l'hôtel, une très grande place, et le marché qui s'y tient est important. On y vend de tout, et il y a de petits quartiers spéciaux pour chaque genre de marchandises. La ville est arrosée par deux rivières : l'Achkabar, large et profonde, qui coule parallèlement à la Biélaïa dont elle est l'affluent principal, et la Sterla, beaucoup moins importante et qui se jette dans l'Achkabar. Les bords de l'Achkabar sont très vivants et chaque jour j'y pouvais voir ce que j'avais déjà vu chaque été sur les bords de la Volga, à Kazan, sur ceux de la Biélaïa à Oufa, ou des grands fleuves sibériens à Omsk, à Tomsk, à Irkoutsk, à Blagovestchensk ou à Kabarovsk : les habitants des deux sexes venaient s'y baigner complètement nus ; les femmes sortaient de l'eau sans songer qu'on les pouvait voir ; les hommes, d'ailleurs, se montraient discrets ; cependant ma présence, plus d'une fois, sembla gêner : les femmes pensaient qu'un étranger pouvait venir sur les bords de la rivière, moins pour se baigner que pour les voir, et c'est alors seulement qu'elles semblaient s'apercevoir qu'elles étaient nues ; la fausse honte faisait naître chez elles le sentiment de la pudeur.

J'allai saluer le chef de district qui m'offrit de me

faire visiter la prison. Je lui racontai chemin faisant
mes impressions de voyage ; je lui parlai surtout
du prêtre musulman dont la bonne grâce avait fait
ma conquête, et dont les vertus m'avaient touché.
Le chef de district se mit à rire de tout son cœur :

« Je suis tout à fait content, me dit-il, de vous
montrer la prison, car cette visite vous procurera
peut-être un grand plaisir : il n'est pas impossible
que vous y rencontriez votre ami, le moullah de
Mourzagoulova : c'est peut-être mon meilleur client,
il n'y a pas de plus grand voleur de chevaux dans
toute la Bachkirie ! »

Règle générale, en effet, plus un Bachkir semble
civilisé, plus sa moralité est douteuse ; j'ai pu m'en
rendre compte plus d'une fois. Il est de nature simple
et hospitalière : il offre tout ce qu'il a au voyageur
qui passe, il l'appelle même quand il l'aperçoit
devant sa porte à l'heure où l'on prépare le koumys
ou le thé. Son honnêteté prend parfois une forme
bizarre : il ne volera pas les malles ou les sacs du
voyageur qui est son hôte, mais un objet qui, par
hasard tombe sur le chemin ou glisse de la voiture
dans la cour même où elle est arrêtée, n'appartient
plus à personne et est considéré comme objet trouvé,
on peut aller très loin avec pareille théorie, et avec
un peu de bonne volonté, et en les poussant un peu,
on peut faire tomber les bagages et les transformer
facilement en objets trouvés !

Le chef de district, ou, pour lui donner son titre
exact, le chef de la police du district, l'izpravnik,
me confirmait dans une opinion que j'avais déjà. Je
regrettais seulement que ce fût au détriment du

moullah de Mourzagoulova. La prison n'était pas intéressante, mais j'y pus faire quelques photographies typiques de prisonniers bachkirs. J'avais auparavant visité celle d'Oufa, qui était beaucoup plus grande, et où de vastes cours étaient plantées de beaux arbres. J'y avais vu deux types intéressants : l'un était un grand gaillard de trente-cinq ans, l'autre un très beau jeune homme de dix-huit. Ils allaient partir pour la Sibérie, et appartenaient à la secte si bizarre des skoptsy, eunuques volontaires qui, appliquant à faux un précepte de l'évangile et pensant que la perfection, pour l'homme, est dans la suppression des sens, se font, à eux-mêmes, la plus incroyable des opérations. L'homme de trente-cinq ans avait été l'opérateur, le jeune homme l'opéré ; il était impossible de croire, en voyant ce dernier, qu'un beau garçon de cet âge, ait pu se résigner à pareil sacrifice et renoncer volontairement à l'amour qui s'offrait à lui. Depuis quinze ans, les castrats sont envoyés dans la province sibérienne d'Iakoutsk ; ils sont devenus des colons très remarquables ; l'agriculture de la province a été améliorée, transformée par eux ; il semblerait que la perte de leur virilité leur donne à tous une ardeur nouvelle au travail et surtout un amour immodéré de l'argent. Une bonne partie des changeurs qui vivent à Pétersbourg près du grand bazar sont des castrats : malgré leur avarice et leur rapacité, ils sont toujours prêts à donner une somme d'argent à un jeune homme pour l'amener à consentir à subir l'opération qui le consacre membre de la secte.

L'ispravnik me dit en sortant de prison :

« Je vais vous présenter le plus gros homme du monde ; il connaît admirablement le pays et vous donnera un bon conseil. »

Le plus gros homme du monde était un officier de police qui servait sous les ordres de l'ispravnik ; il méritait amplement le nom qu'on lui donnait ; ce fut lui qui me décida à aller faire visite, avant de me rendre chez les Backhirs des monts Ourals, à la fameuse famille tatare des prêtres Toukaiev, qui habitaient dans le bassin supérieur de la Sterla, à Sterlibach, ville située à 50 verstes de Sterlita-mak.

Jusqu'à Sterlibach, nous traversâmes une steppe ennuyeuse et qui semblait plus inculte à mesure que nous approchions des sources de la Sterla. C'est là que se trouvent les plus célèbres écoles mulsumanes du pays bachkir, uniquement fréquen-tées par des mahométans. A la tête des écoles et de la médressé où l'on prépare les jeunes gens qui se destinent aux ordres ou à l'enseignement, est pla-cée, depuis plusieurs générations déjà, la famille sainte de Toukaiev, qui a fourni aux mulsumans des prêtres universellement vénérés. Les tombeaux des vieux Toukaiev sont fort honorés et les Bachkirs y viennent en pèlerinage.

Je fus reçu par les deux plus jeunes frères, devant lesquels mon cocher tatar s'inclina profon-dément. L'aîné qui, me dit-on, parlait très bien le russe, était en voyage à Boukhara. La maison des moullahs était celle de bourgeois aisés, très propre et assez gentiment meublée. On nous y offrit du thé, du koumys et un excellent dîner. On changeait nos cuillers à chaque service afin de nous faire honneur et surtout de nous montrer toutes les richesses de la maison : nous en vîmes en argent, en vermeil et en or. Seul, le maître de russe, un Bachkir, pouvait converser librement avec moi, il parlait beaucoup et évitait ainsi, de répondre de façon précise à mes questions. Il me fit visiter la médressé ; les élèves y habitaient selon leurs moyens, tantôt seuls, tantôt par groupes, dans des chambres de maisons de bois toutes pareilles et abritées, le plus souvent, par un grand arbre vert. Les salles de classe étaient assez simples, des prières, des versets du Coran, des plans de la Mecque et de mosquées célèbres étaient cloués aux murs. L'enseignement complet dans la médressé dure plusieurs années : la langue russe n'est pas obligatoire ; l'étude de la religion, les prières, la lecture des livres saints occupent le temps des élèves. Ils peuvent apprendre aussi d'autres matières, car il y a des cours de mathématiques, d'histoire, et, chose inattendue, de logique. Les élèves ne sont pas seulement des Bachkirs, mais aussi des Tatars, et le maître de russe m'affirma que des Kirghizes et des Turkmènes sont venus d'Asie pour étudier à Sterlibach.

Nous assistâmes, mon compagnon, le soldat Antonov et moi, au service de midi : la mosquée était vaste et comprenait cinq ou six pièces dont la dernière était très belle. Dans l'assistance, j'aperçus quelques beaux types de musulmans, les prières furent longues et le service plus solennel que ceux

que j'avais suivis dans les autres villages ou même
à Oufa.

L'un des Toukaiev cependant tenta de m'adresser
la parole; il me fit l'éloge de la France, pays de liberté
s'il en fut, car, me dit-il, les musulmans peuvent y
être députés et ministres. Des journaux tatars de
Kazan, et d'autres feuilles qui échappent à la cen-
sure et qui se vendent sous le manteau avaient
raconté tout au long l'aventure de M. Grenier. L'ex-
député de Montbéliard était célèbre jusque dans
l'Oural. L'article que l'on me traduisit était bien fait
pour frapper et pour exciter l'esprit des fanatiques.
Ce n'était plus un député, mais plusieurs députés
musulmans qui se trouvaient au Palais Bourbon, et
l'islam menaçait de prendre sa revanche en France!
D'ailleurs la France, affirmait-on, pouvait servir de
modèle à la Russie, où toutes les libertés musulmanes avaient été supprimées tour à tour, où les
popes faisaient, avec la complicité de l'administration et de la police, une concurrence éhontée à la
religion des Tatars et où des musulmans intelligents
ne pouvaient jamais prendre une position prépondé-
rante et avoir leur influence sur la conduite des
affaires du pays. Je demandai à Toukaiev de me
donner le journal, il s'y refusa, il se contenta de me
renouveler toutes ses félicitations.

Hélas, trois fois hélas, la France est un pays où
les hommes s'usent vite; depuis longtemps déjà, le
Dr Grenier a été rendu à ses chères études, et un
autre député lui a succédé à la Chambre des députés. Je n'ai pas voulu pourtant enlever à Toukaiev
ses illusions et faire perdre aux Français la bonne

réputation qu'ils avaient conquise auprès des prêtres musulmans.

Et je n'ai pas dit que l'électeur français était capricieux et **changeant** !

CHAPITRE VI

LES BACHKIRS DE LA MONTAGNE
A TRAVERS LES MONTS OURALS. — LA VILLE
D'ORENBOURG

Pour aller de Sterlitamak aux monts Ourals la
route traverse d'abord sur un pont la rivière Achkabar, puis, quelques kilomètres plus loin, la Biélaïa.
La première station importante que l'on trouve sur
la route est le village de Pétrovski. On voyage tout
d'abord dans une vaste plaine à laquelle succèdent
des forêts, composées de hêtres, de noisetiers et surtout de tilleuls et de bouleaux. Pétrovski était le
siège du chef de zemstvo avec lequel le gouverneur de la province m'avait dit de combiner mon
voyage. Les chefs de zemstvo sont en général plus
instruits et mieux éduqués que les chefs de district,
ce sont le plus souvent des officiers nobles démis-
sionnaires. A la tête de chaque province russe ou
gouvernement, se trouve toujours un gouverneur
général ou conseiller d'État actuel, qu'assistent un
vice-gouverneur, des conseillers et des aides de
camp civils ou militaires. Au point de vue adminis-
tratif et au point de vue de la police, le gouvernement est divisé en districts, subdivisés eux-mêmes en
stanes. A la tête du district est un chef, l'ispravnik ;
un pristov dirige chaque stane et a sous ses ordres

des sous-officiers, des soldats et des agents qui font partie, eux aussi, de la police : Antonov était un de ces derniers. Le gouvernement est en outre divisé au point de vue judiciaire en régions, dirigées chacune par un chef de zemstvo. A côté de tous ces fonctionnaires principaux, il y a en Bachkirie de petits emplois réservés aux indigènes ; ceux-ci sont très jaloux des honneurs et pour les obtenir tous les moyens leur sont bons, luttes à main plate, calomnies, dénonciations. Dans ces conditions, les chefs de districts ou de zemstvos sont le plus souvent trompés et choisissent involontairement les moins dignes. Il est vrai de dire que les emplois auxquels sont nommés lés Bachkirs sont infimes, il y a pour la police des starostes assistés de « sotski » et de « déciatki » qui dépendent du chef de district et du pristov, et un starchina et des juges qui relèvent du chef de zemstvo.

Le chef de zemstvo me fit mon plan de voyage, car seul, il savait où se trouvaient, à l'époque de l'année où nous étions, les Bachkirs qui vivaient en nomades. Jusqu'à Makarova, la route fut praticable, là nous fûmes reçus par un starchina bachkir qui avait appartenu à une des familles les plus riches de la Bachkirie et qui, à ce titre, avait suivi les cours de l'école des cadets d'Orenbourg. Il était resté sans doute peu de temps à l'école, ou du moins il n'en semblait avoir rien gardé, c'était simplement un Bachkir un peu moins arriéré pourtant que les autres. J'eus le malheur de vouloir toucher du doigt une statuette minuscule et grossière qui se trouvait dans un coin de sa chambre ; il m'arrêta épouvanté et un autre Bachkir qui m'accompagnait me dit que la poupée était un talisman terrible qui ne pouvait être touché que par des doigts musulmans.

Fig. 7. — Antonov, soldat de race mordve.

Je sortis seul avec mon soldat Antonov.

« Quels sauvages, non, barine[1], quels sauvages! s'écria-t-il. Le croyez-vous celui-là, avec sa sale

[1] Maître.

poupée en bois, qui pourrait donner la mort, si on l'en croyait. Ah ! ah! ce qu'ils me font rire. Je ne sais pas si vous êtes comme moi, barine, mais je ne peux pas comprendre que l'on soit superstitieux. »

Quelques jours auparavant, Antonov m'avait déclaré pourtant qu'il était mauvais de voir un lièvre traverser la route de droite à gauche, qu'il était dangereux de partir en voyage un lundi, et imprudent de se laver un vendredi ; il ne fallait jamais donner la main par-dessus le seuil de la porte ; on devait s'asseoir avant de quitter un ami partant pour un voyage, si l'on voulait être sûr de le revoir ! Ce que surtout Antonov craignait de voir le soir trois bougies allumées dans la chambre où je travaillais. Je ne pus donc m'empêcher de lui rappeler ses propres superstitions.

« Mais ce ne sont pas là des superstitions, me dit-il, ce sont des choses dont on est sûr et qu'on a souvent vérifiées.

— Ce sont des superstitions stupides et dont on ne saurait trop se moquer.

— Maître, maître, ne parlez pas ainsi aux premiers jours de notre voyage, s'écria Antonov épouvanté, il pourrait nous en cuire et le malheur est toujours là qui guette ! »

On nous avait préparé des voitures, et je trouvais alors Gabriel Lagerquist en admiration devant notre cocher ; ce dernier était une brute superbe, ancien tambour d'un régiment, il n'avait retenu de la langue russe que les mots obscènes et inconvenants, mais il avait gardé le plus grand respect pour son art, et s'était, nous raconta-t-il, fabriqué un tambour primitif, sur lequel, devant les autres Bachkirs ahuris d'admiration, il faisait entendre des roulements aussi formidables que peu savants. Nous montâmes dans notre voiture; derrière nous, Antonov couché les pieds en l'air dans une épouvantable carriole nous suivait en chantonnant. La route fut d'abord passable, mais bientôt la montée devint plus difficile et parfois presque dangereuse pour notre inconfortable équipage. Plus d'une fois, nous dûmes aller à pied; à chaque instant, nous trouvions des arbres à moitié brûlés, parfois fumant encore, car les Bachkirs qui passent font souvent leur cuisine dans les arbres creux sans se préoccuper des accidents et des incendies que peut causer leur imprudence. Des arbres brisés barraient le chemin; Antonov se refusait toujours à descendre et sa voiture au risque de se briser passait sur les troncs et les branches. Souvent des gélinottes et des coqs de bruyère s'envolaient quand nous passions. Nous rencontrâmes quelques Bachkirs, les hommes allaient à cheval et les femmes à pied et c'étaient toujours ces dernières qui portaient les bagages : des seaux fermés pleins de lait, de koumys ou de fromage fumé. Quelquefois dans le tronc de grands arbres, nous voyions des encoches larges et grossières pratiquées à la hache tout autour du tronc. Ces encoches étaient les marches d'un escalier primitif: à dix ou douze mètres du sol, se trouvait une ruche d'abeilles, appartenant à quelque Bachkir. L'arbre gigantesque et qui semblait plein de santé, était creux pourtant; les abeilles de l'Oural font ainsi leurs ruches dans les arbres creux de la forêt, dans les sapins, dans les tilleuls ou dans les platanes : c'est de beaucoup le miel de tilleul qui est le meilleur et le plus parfumé. Les arbres de l'Oural sont merveilleux et rien n'est plus beau qu'une excursion dans ces profondes forêts d'ormes, de hêtres, de platanes, de bouleaux, de chênes, d'érables, de tilleuls et d'épicéas. C'est le plus souvent la haute futaie avec çà et là quelques clairières où paissent des troupeaux. Dans les taillis se cachent des loups et près des champs de groseilliers et de framboisiers sauvages, l'ours brun si redouté des Bachkirs. Le gibier est nombreux, gélinottes et perdrix, tétras et coqs de bruyère, qui, dans les feuillages touffus, peuvent échapper aux aigles et aux vautours ; on entend tout le jour le chant des coucous et le soir le hululement des grands-ducs et des hiboux ; des écureuils sautent de sapins en sapins, de noisetiers en noisetiers ; des renards épient le gibier à plume, tandis que le lynx affamé fait, à toute heure de la journée, la chasse aux lièvres incroyablement nombreux.

La route bientôt n'était plus qu'un long sentier avec des montées difficiles, des descentes formidables et des tournants vertigineux : Antonov était toujours dans sa voiture ; il avait perdu déjà deux fois sa roue qu'il avait rafistolée ensuite comme il avait pu.

Un staroste nous accompagnait, superbe sur sa jument que suivait un tout jeune poulain. Il était impossible de savoir à quelle heure nous arriverions. Bientôt, nous disait-il ; dans trois heures, affirmait le cocher. Nous nous arrêtâmes quelque temps devant des cabanes, faites entièrement d'écorces d'arbres, où des misérables sauvages vivaient dans une saleté repoussante, les yeux abîmés par la fumée qui remplissait leurs demeures.

Nous devions gravir cinq montagnes pour arriver à Stary-Seitova, les deux premières étaient les plus escarpées ; les Bachkirs les appellent Bik-taou et Ala-taou (le mot taou en langue bachkire, comme en langue kirghize signifie montagne). L'Ala-taou, c'est-à-dire la montagne bigarrée, fut particulièrement difficile à franchir ; le terrain était couvert de pierres sur lesquelles les chevaux glissaient, et les arbres brisés, déracinés, enchevêtrés, nous barraient le passage ; il fallait parfois ouvrir une voie à coups de haches dans les broussailles d'une véritable forêt vierge.

Enfin la route devint moins pénible ; nous avions pu remonter en voiture, mais la forêt était pleine de lianes. Nous rencontrions des taureaux qui s'avançaient vers nous d'un air menaçant ; nous étions tous fatigués, lorsque tout à coup le staroste lança son cheval au galop et nous abandonna. Nous continuâmes jusqu'à la bifurcation de deux sentiers ; notre cocher allait tourner à droite, lorsque nous entendîmes à gauche la voix du staroste ; une clairière était proche, dans laquelle des chevaux et des chèvres paissaient, non loin de quatre misérables cabanes, en écorce de tilleul.

Les Bachkirs avertis vinrent à notre rencontre : et ils nous invitèrent à coucher chez eux, nous n'avions que l'embarras du choix, mais la maison où nous entrions nous paraissait toujours la plus sale. Nous remarquâmes à notre grande surprise,

tout près du campement bachkir, une tente assez
élégante et une écurie primitive mais bien couverte
de foin.

« Qui habite là, demandai-je ?

— Un richard, qui chasse en ce moment avec sa
femme ! Ils sont ici depuis un mois et ce n'est pas
la première année que nous les voyons !

Nous fûmes étonnés quelque peu et nous nous
demandions quel original pouvait choisir, plusieurs
années de suite, comme station d'été, le campement
d'un Bachkir. Le soir, quand nous revînmes d'une
promenade aux environs du campement, où de
grands arbres remplis d'oiseaux abritaient un sol
couvert de groseilliers et de frambroisiers sauvages, un Bachkir nous annonça que les étrangers
venaient de rentrer et qu'ils nous attendaient pour
dîner. C'étaient un gentilhomme polonais et sa
femme, qui parlaient tous deux admirablement le
français ; ils étaient brûlés par le soleil. Ils nous racontèrent qu'ils venaient faire dans les monts Ourals
une cure de koumys ; ils n'avaient pourtant pas l'air
malades ; ils burent en effet beaucoup de koumys,
mais à vrai dire la chasse surtout les attirait dans ce
coin perdu de la montagne. La journée n'avait pas été
mauvaise pour eux, ils avaient tué quatorze pièces,
gelinottes, tétras et coqs de bruyère. Ils avaient
formé autour de leurs tentes un petit enclos où nous
leur demandâmes de nous donner l'hospitalité. Nous
nous couchâmes sur des bottes de foin, enroulés
dans nos couvertures. Les aboiements des chiens
répondaient aux hurlements des loups ; des hiboux
poussaient des cris en battant des ailes sur les arbres

qui nous abritaient : depuis le commencement de notre voyage en Bachkirie, nous n'avions jamais été aussi bien couchés. Le lendemain, une vache qui était parvenue, je ne sais comment, dans notre enclos, me réveilla avec un baiser très humide de son mufle roux qu'elle vint appliquer sur mes joues. Le soleil se levait, la clairière était couverte de rosée, une odeur de foin coupé et de frambroises mûres remplissait l'atmosphère, dans tous les nids des oiseaux gazouillaient, et devant le feu allumé en face des cabanes, des petits Bachkirs à moitié nus et des jeunes chiens jouaient et roulaient les uns sur les autres, partageant les mêmes plaisirs et les mêmes puces.

Les jours d'été sont pour les Bachkirs des montagnes l'époque heureuse ; plus favorisés que leurs frères de la steppe, ils n'ont pas vu leur pays envahi par les Russes, et ils ont conservé leurs vieilles coutumes et leur originalité. La saison d'hiver est au contraire terrible ; ils ne peuvent alors rester sur la montagne où le froid est excessif et où les avalanches sont fréquentes ; et ils ont construit des villages d'hiver dans les vallées. L'expérience ne leur apprend rien et ils n'ont jamais su faire en été, prévoyant les mauvais jours de l'hiver, des provisions de foin suffisantes pour nourrir leurs troupeaux ; lorsqu'arrivent les mois de janvier et de février, les animaux domestiques mourraient de faim si les Bachkirs les gardaient dans leurs villages, c'est pourquoi ceux-ci préfèrent les laisser aller à l'aventure dans la forêt. Guidés par leur instinct, les chevaux, les bœufs et les moutons découvrent alors les places, où une neige peu épaisse cache une herbe suffisamment nourrissante. Il y a pour eux de grands dangers dans la montagne, mais le loup lui-même est moins terrible pour le troupeau en liberté que la faim dans l'étable du maître. Les Bachkirs pourraient, en travaillant un peu, vendre pendant l'été les produits de leurs troupeaux dans les villages russes voisins et acheter assez de thé, de farine et de riz pour suffire à leurs besoins pendant l'hiver. Chaque année, ils négligent pourtant de le faire, et quand vient le printemps, ils sont faibles et anémiés, et bon nombre de maladies qui déciment leurs enfants viennent des privations de l'hiver.

On comprend avec quelle joie les malheureux indigènes accueillent chaque année le printemps. Dès que la neige est disparue, on rassemble le petit troupeau ; bien des animaux manquent à l'appel, qui ont été victimes du loup ou de la faim ; hommes et bêtes, tous amaigris et malades, vont chercher sur la montagne le campement bien situé où ils recouvreront la santé, malheureusement trop souvent la tuberculose s'est déjà emparée d'eux. Chaque village a, en général, deux campements, et passe deux mois dans l'un et trois mois dans l'autre ; ce sont les mêmes baraques qui servent tous les ans. Les Bachkirs de la montagne ne sont donc pas des nomades à la façon des indigènes d'Asie, Kirghizes, Turkmènes ou Bouriates, et les campements d'été sont rarement situés à plus de trente kilomètres des maisons d'hiver.

Les campements d'été sont en général établis au milieu d'une clairière et près d'un pâturage. Ils se

ressemblent tous et en décrire un sera les décrire
tous. Les cabanes que les Russes appellent chala-
ches et les Bachkirs oton'u (maison de bois) ou bou-
rama, sont faites en écorce de tilleul. Le tilleul est
l'arbre utile par excellence, car les Bachkirs en utilisent l'écorce avec laquelle ils font des cordes, des
barques et, je viens de le dire, des maisons. Ils préfèrent au bois de tilleul, pour la construction des voitures, le chêne ou l'orme avec lesquels ils font des
roues et le bouleau ou le tremble dont ils utilisent
les longues branches qui servent de mauvais ressorts à leurs voitures. L'intérieur de l'oton'u est
toujours fort sale ; une sorte d'estrade couverte de
vieux tapis sert de lit ; le feu brûle toujours au
milieu de l'unique pièce de la maison et la remplit
d'une fumée épaisse qui sort difficilement par un
trou, pratiqué dans la cheminée. Les maux d'yeux
sont fréquents chez les Bachkirs et les femmes sont
souvent aveugles. L'ameublement est tout à fait
simple, il n'y a ni table ni chaises, simplement de
primitifs instruments de ménage, des seaux en bois
pour le koumys, en bouleau pour l'aïrane qui se
fabrique comme le koumys, mais avec du lait de
vache. Une planche est toujours placée d'un bout à
l'autre de la cabane, au-dessus du foyer ; on y met
le fromage national, connu sous le nom de krout. Le
krout est fait avec un mélange de lait de vache et
de lait de chèvre ; pour le fabriquer, on fait tout
d'abord bouillir le lait, puis on le laisse reposer pendant quelque temps ; on le fait aigrir, après en avoir
ôté la crème, puis on le met à nouveau sur le feu ;
on le verse enfin dans le tchoumane, sorte de baquet

en tilleul d'où le petit lait s'écoule ; il ne reste plus qu'une pâte que l'on sale et que l'on fume pendant cinq ou six jours ; l'extérieur du fromage est alors d'un gris assez noir. Le seau qui sert pour l'aïrane et le koumys est presque toujours en bois de bouleau et s'appelle le batmane. L'écorce et le bois de bouleau sont très employés chez les Bachkirs comme chez tous les indigènes de l'Asie et parfois chez les Russes eux-mêmes, pour faire des paniers, des corbeilles, des cuillères, des chaussures et toute sorte d'objets de ménage.

Il va sans dire que la fabrication du koumys et du krout est le travail des femmes ; l'homme scie du bois pour les usines voisines lorsqu'il a absolument besoin d'argent, chasse le loup ou le renard, s'occupe des abeilles, mais préfère à tout la paresse et le sommeil. Il laisse souvent même à la femme les plus gros ouvrages : c'est elle qui quelquefois doit réparer la voiture et la maison, tailler dans les cuir les harnais du cheval, faucher le foin dans les pâturages et aller le vendre au village voisin ou à la ville la plus proche. Tous les vêtements du logis sont aussi l'œuvre de la femme. J'ai remarqué que plus les indigènes sont sauvages, plus les femmes doivent travailler ; quand l'homme se met à travailler, c'est déjà une preuve de civilisation. Employée à de tels métiers, la femme vieillit vite et si j'ai vu beaucoup de vieillards chez les Bachkirs, je n'ai rencontré que rarement une aïeule. Je ne dis pas une vieille femme, parce qu'à trente ans déjà toutes les femmes indigènes paraissent vieilles ; elles sont blanches et cassées avant l'âge,

la maternité les déforme, et nombreuses d'ailleurs
sont celles qui meurent pendant un accouchement.
Parmi les jeunes filles, on trouve rarement un joli
visage; encore ce visage n'a-t-il quelquefois jamais

Fig. 8. — Femmes bachkires.

été débarbouillé depuis sa naissance; il fallait être
un brave comme Antonov pour consentir à faire des
avances à de pareils monstres. Antonov était toujours aimable avec les femmes bachkires, surtout
après les repas qui semblaient, tantôt lui donner des
ardeurs nouvelles, tantôt provoquer simplement en
lui une insurmontable envie de dormir.

« Au fond, nous déclarait-il un jour, toutes les
femmes se ressemblent, et il faut les aimer toutes

sans leur donner plus d'importance qu'elles en
ont! » Gabriel Lagerquist qui est un homme de
goût, fut indigné par les théories de notre soldat :

« Quoi, Antonov, tu ne fais pas aucune diffé-
rence entre les femmes ! Tu m'accorderas bien qu'il
y a un monde entre de jolies femmes et ces espèces
d'animaux-là ! »

Ces « espèces d'animaux » là que montrait du
doigt mon ami, étaient deux femmes bachkires qui
morveuses et sales, étaient occupées à traire des
vaches auprès de nous : l'une était déjà vieille et
difforme, l'autre, plus jeune, était pourvue d'appas
plantureux ; ses seins sous sa chemise lui tombaient
énormes sur le ventre.

« Eh ! eh ! quand une femme est comme ça —
et Antonov fit sur sa poitrine un geste amplement
rond — on n'a pas besoin d'en demander davantage ! »

Bien des choses me font supposer que Mme Antonov pouvait assurément se plaindre de la fidélité
de son mari. J'avais eu déjà, en Sibérie, un soldat de
la police très coureur ; un jour qu'il me racontait une
de ses fredaines je lui dis en riant :

« Tu n'es pas honteux de tromper ta femme de
cette façon ?

— Ah bah ! me répondit joyeusement le soldat,
elle en fait peut-être autant en ce même moment ! »

L'argument me parut sans réplique : Antonov
n'était pas de cette trempe-là.

« Un mari ne peut pas rester fidèle en voyage, me
déclara-t-il un jour ; il y a trop de bonnes occasions :
et puis, en voyage, ça ne compte pas et ma femme

elle-même en rirait. Elle ne peut-être que flattée si je donne à d'autres femmes... une bonne opinion de son mari.

— Mais, malheureux, dit mon ami Lagerquist, si elle apprend tes frasques, elle te rendra la pareille. »

La menace parût tout d'abord surprendre Antonov. Évidemment la supposition lui semblait déplaisante, mais comme il était philosophe, il en prit gaiement son parti :

« Avec les femmes, dit-il, est-ce qu'on peut rien savoir? La mienne me trompe-t-elle ? Je ne le crois pas, mais si elle avait la bêtise de le faire, j'aurais toujours sur elle une supériorité. Je puis placer mes enfants partout où il me plaît, sans qu'elle n'ait rien à y voir, tandis qu'elle ne peut pas en avoir un seul sans pouvoir m'empêcher d'en être le père ! »

C'était un grand philosophe que mon soldat Antonov.

Le Polonais qui nous avait donné l'hospitalité dans son enclos, M. Sigismon de Weslawicz, nous présenta alors les deux femmes bachkires que nous contemplions. La vieille à laquelle nous donnions au moins cinquante ans en avait trente-cinq ans, l'autre en comptait au plus vingt-cinq. Elles étaient les femmes d'un Bachkir qui m'avoua avoir payé dix moutons de dot pour la première, et deux chevaux pour avoir la seconde : celle-ci avait donc coûté deux fois plus que celle-là et c'était elle pourtant qui d'après le mari de beaucoup valait le moins.

Les femmes bachkires de la montagne sont peut-être moins malheureuses que celles qui vivent dans la steppe ; elles travaillent autant que ces dernières, mais elles mènent une vie plus saine. Elles peuvent même avoir de petits profits qui ne regardent pas leurs maris ; ceux-ci leur permettent de vendre quelquefois du lait pour leur propre compte et elles conservent des relations avec leur famille même après leur mariage.

« Les femmes sont-elles battues chez vous, demandai-je à l'un des hommes du campement.

— Oh jamais ! jamais ! me dit-il aussitôt — ou du moins seulement quand elles le méritent. »

Les mariages le plus souvent sont décidés par les parents sans que les enfants soient consultés ; un père de famille paie pour son fils encore enfant une dot à un ami qui a une fille au berceau, et dès que la fille devient nubile, le mariage est célébré et béni par le moullah ou parfois par un vieux vénéré, par une des « barbes blanches » du village. Il arrive quelquefois que le fiancé vient à mourir avant le mariage ; le père de la jeune fille ne pouvant plus rendre la dot qu'il a le plus souvent dépensée, le frère du défunt, s'il y en a un, épouse la jeune fille ; on voit alors des enfants de dix ans épouser des filles beaucoup plus âgées qu'eux. La femme reste souvent, après son mariage et jusqu'à la naissance de son premier enfant, dans la maison de son père à moins que le mari ne soit veuf d'une première femme et qu'il n'ait des enfants à soigner. Quelquefois aussi, le jeune homme, peu fortuné, paie une partie de la dot en journées de travail chez son beau-père.

Un homme peut avoir quatre femmes, mais c'est un luxe qu'un Bachkir ne peut pas souvent à son grand regret se payer. Comme le fiancé doit toujours donner une dot relativement considérable il est rare qu'un Bachkir ait plus de deux femmes. Le mariage entre cousins germains qui n'est pas permis par la religion russe, est admis chez les musulmans de l'Oural (on sait que très souvent en Russie les cousins germains se donnent les noms de frères et de sœurs). Deux frères peuvent d'après la coutume bachkire, épouser les deux sœurs, ce qui n'est pas non plus toléré par la religion russe.

Pendant l'accouchement de la femme, il existe une vieille coutume dans certains villages de la montagne : l'homme doit rester à l'écart, couché sur le sol pendant toute la durée de l'accouchement. Ce sont les femmes des maisons voisines qui assistent à la naissance du bébé. Les cruautés de jadis ont presque totalement disparu même quand la femme souffre et que l'accouchement est pénible. On croit pourtant encore que les mauvais esprits sont dans son corps, mais on ne la torture pas comme chez tant d'autres indigènes, pour chasser ces mauvais esprits. C'est le moullah qui donne à l'enfant le nom qu'a choisi le père de famille, mais c'est presque toujours une femme qui fait la circoncision. Il y a aussi des femmes marieuses ainsi que chez les Tatars et les Russes, et le métier est lucratif dans la région de l'Oural comme sur les bords de la Volga.

Dans tous les campements, j'ai toujours vu les femmes travailler, même pendant les heures les plus chaudes de la journée; à ce moment-là, un grand feu brûlait toujours, et hommes et bêtes,

tous les êtres vivants étaient étendus à terre sur
le passage de la fumée qui s'en échappait et qui
écartait les nombreux et terribles moustiques de la
montagne. A la fin de la journée, les Bachkirs sont
fumés comme leurs fromages, mais encore plus
noirs qu'eux! Si un voyageur passe, on l'appelle :
son arrivée semble une distraction, car les mois
d'été s'écoulent sans qu'aucun étranger ne vienne au
campement; on lui demande qui il est, d'où il vient.
Quand on me demandait où était mon pays, je mon-
trais l'ouest, et, presque toujours, on me disait :

« Tu habites le pays où le soleil se couche ! »

On m'offrait alors du koumys, on chantait de vieux
airs populaires : parfois, on m'offrait le spectacle
d'une lutte entre deux gars nus jusqu'à la ceinture ;
le soir peu à peu s'avançait et de grandes ombres
s'étendaient sur la montagne.

Pour aller du campement où je m'étais arrêté
jusqu'au village de Stary-Seitova, il nous fallut
suivre une route difficile dans une merveilleuse
forêt; les chevaux en descendant les pentes escarpées glissaient sur les mousses; plus d'une fois, il
fallut dételer les chevaux, les faire descendre au
pas, et nos hommes ensuite faisaient rouler la télègue
sur la pente en la retenant fortement. Nous n'eûmes
aucun accident, mais nous dûmes aller à pied à peu
près cinq verstes sur dix. Antonov nous imita cette
fois; il avait versé à la première pente un peu raide,
et son infortune l'avait rendu prudent. Nous arrivâmes enfin à Stary-Seitova; le bois était devenu
moins sombre et plus joli, et six ou sept fois nous
avions traversé à gué une gentille rivière, l'Ou-

Iouelga, qui courait en chantant sur un lit de gros cailloux rouges et blancs. Le scribe nous accueillit et nous conduisit dans la maison qui nous était réservée.

« Vous y serez bien, mais je dois vous dire qu'il y a des punaises, nous annonça-t-il d'un air aimable !

— Y en a-t-il beaucoup ? demandai-je.

— Oh ! pas tout à fait beaucoup, me répondit-il d'un mot très russe, et peu traduisible en français. »

Pas tout à fait beaucoup me semblait, pour mon goût, beaucoup trop !

Le village qui, n'était habité que l'hiver, était vide, les habitants étaient partis avec leurs troupeaux, et le scribe me déclara que nous ne trouverions ni lait, ni koumys, ni œufs. On pourrait peut-être le lendemain faire tuer quelques oiseaux. Gabriel Lagerquist proposa pour le soir d'organiser une pêche : deux jeunes gens entrèrent dans l'eau et traînèrent un long filet dans le lit du grand Chichiniak, en marchant contre le courant ; à deux cents mètres plus loin, des gamins, dans l'eau jusqu'à la ceinture, frappaient la rivière avec des gros bâtons pour faire redescendre le poisson. Nous prîmes trois petites truites et une cinquantaine d'écrevisses que nous fîmes cuire sans sel et sans poivre et que nous mangeâmes aussitôt. Antonov refusa de prendre sa part au repas et nous déclara qu'une telle nourriture le dégoûtait.

Nous visitâmes le lendemain à cheval la pittoresque vallée de l'Iamantaou ; la forêt était pleine de broussailles d'où s'envolaient des gélinottes et des coqs de bruyère. Nous nous arrêtâmes pour déjeuner dans une clairière où se trouvait le campement d'un vieux Bachkir et de sa famille. Le vieillard était riche, car il possédait soixante chevaux et une grande quantité de juments laitières ; il avait dû être un très bel homme. J'ai rencontré chez les Bachkirs deux types bien distincts : l'un a le nez aplati, le profil droit, le visage carré, le cou assez court, les yeux noirs sont brillants, les pommettes un peu saillantes, la barbe rare : ce type n'est pas sans ressembler aux Ostiaks de Sibérie qui vivent dans le bassin de l'Ob. Le vieux Bachkir de la vallée de l'Iamantaou avait plutôt le type Kirghize, figure large et nez aquilin. Il s'avança vers nous assez aimablement, mais reconnaissant le scribe, il lui jeta un regard défiant. Il avait un cou de taureau, sa chemise ouverte découvrait une large poitrine couverte de longs poils blancs : il me dit qu'il avait quatre-vingt-dix ans. Il exagérait sans doute et comme tous les indigènes, il n'avait jamais su compter son âge. Il ajouta qu'il s'appelait Mourzabaï. A notre arrivée, nous l'avions surpris en prières : il était à genoux sur un vieux tapis râpé qu'il avait étendu devant sa cabane. Il nous invita à entrer, et nous demanda s'il devait en notre honneur faire tuer un mouton : je répondis que nous n'accepterions qu'un peu de koumys. Il fit apporter le breuvage dans une écuelle et muni d'une grande louche il se mit à le battre et à le remuer ; il levait la louche pleine et en reversait le contenu dans l'écuelle : pour être bon, le koumys a besoin d'être remué et battu. Je me souviens que chez un sultan Kirghize avec lequel j'ai longtemps vécu, on mettait la grande outre de cuir pleine de koumys sur le dos d'un chameau, on faisait marcher ce dernier pendant un quart d'heure ; le liquide ballotté entre les deux bosses n'en était que meilleur ensuite. Le vieux Bachkir, en versant le koumys, prenait un air grave ; car le koumys est le don de Dieu, celui dont on ne peut se passer ; on ne doit le verser qu'avec le même respect que montre notre paysan français quand il fait la croix sur une miche, ou le paysan russe qui jadis baisait le morceau de pain tombé à terre.

Je me mis à parler du passé, mais le vieillard intimidé peut-être hésitait à répondre : je lui rappelais la la vie d'autrefois, les luttes dont il avait été le héros, les grandes chasses auxquelles il avait pris part : tout à coup il se mit à pleurer comme un enfant avec de gros sanglots, et de grands soupirs.

« Il pleure, me dit son fils après un long silence, parce qu'il n'est plus jeune et qu'il ne peut plus faire ce qu'il faisait avant. »

Une femme bachkire s'était approchée, et l'homme qui venait de parler lui fit un signe rapide en lui désignant son père : la femme s'enfuit, car il est toujours inconvenant de montrer une femme à un vieillard, cela ne peut, disent les Bachkirs, que lui donner de vaines tentations et lui inspirer des regrets. Un gamin, le petit-fils de Mourzabaï vint s'asseoir contre son grand-père et celui-ci passant une main autour de la taille de l'enfant, lui sourit à travers ses larmes. J'offrai du tabac au vieillard qui me répondit :

« Je n'ai plus besoin de rien, donne cela à mon fils. »

Pourtant quelques minutes après, sa gaieté était

revenue : il avait ri aux éclats en me voyant photographier sa famille, et lorsque je pris congé de lui,
il voulut m'aider à monter à cheval, pour me montrer combien il était fort encore.

A quelques kilomètres du campement de Mourzabaï, nous visitâmes l'exploitation des forêts de
Bakiéva ; on a construit en cet endroit de grands
fours, on tire de la forêt du goudron et de la résine et
on fait du charbon de bois. L'excursion fut fatigante,
nous revînmes à Stary-Seitova, où nous dînâmes de
laitage. On nous avait jeté quelques bottes de foin
dans la chambre, ce qui servit pour écarter de nous
les punaises qui remplissaient le plafond, le plancher
et les murs, faits avec des planches de sapin.

« Demain, m'avait dit le scribe, je ne pourrai
vous consacrer mon temps, car c'est le jour du tribunal bachkir ! »

Le lendemain, je tins à assister à la séance du
tribunal. Il y a, dans chaque voloste ou canton
plusieurs juges nommés à l'année ; ils sont choisis
par les Bachkirs qui proposent pour chaque poste
deux hommes entre lesquels le chef du zemstvo
fait un choix. Le tribunal se compose en général d'un
président et de deux ou trois juges ; le scribe est
chargé des écritures et assiste aux débats. Les
scribes presque toujours sont des puissances chez
les peuplades sauvages de l'Oural, du Turkestan ou
de la Sibérie : les indigènes qui ne voient qu'eux,
s'exagèrent leur importance et leur font des présents
de toute nature. Les scribes sont fourbes ; ils pratiquent l'espionnage pour le compte du pope ou des
fonctionnaires subalternes, qui sont leurs supérieurs :

ils connaissent les méfaits que ceux-ci ont commis : ils les tiennent de cette manière et savent admirablement se servir d'une arme qu'on emploie trop souvent en Russie, la lettre de dénonciation anonyme.

La séance du tribunal de Stary-Seitova fut une véritable comédie : les deux juges comprenaient à peine le russe, ils étaient incapables de le parler ; quant au président, il pouvait assez facilement répéter ce que le scribe lui disait de dire : le starchina assistait aux débats, perché sur une caisse. Il y avait plusieurs affaires à juger, toutes de même sorte d'ailleurs, entre les Bachkirs et des usuriers russes, ceux-ci avaient probablement graissé la patte du scribe, et l'arrêt était rendu d'avance. Le tribunal prit place sur un banc, et le scribe s'assit devant une petite table. Au milieu de la pièce, on avait mis deux chaises pour mon compagnon et pour moi, et, derrière nous, Antonov, ma jumelle photographique en bandoulière, se tenait debout.

Le scribe ouvrit les débats : il prit la parole et interrogea un malheureux Bachkir qui comprenait à peine ce qu'on lui demandait ; les deux juges qui, eux, ne comprenaient rien du tout, regardaient voler les mouches, tandis que le président s'efforçait de jouer convenablement son rôle. Le starchina qui était un brave homme, voyant un malheureux Bachkir s'embrouiller dans des explications interminables, prit la parole et, en deux mots, exposa clairement l'affaire. Cela ne plut pas au scribe qui l'envoya aussitôt faire des courses.

« Président, commandait de temps à autre le scribe, pose telle question à ce Bachkir ! »

Le plus souvent le président ne comprenait pas, et le scribe furieux renouvelait sa question : le président, mot pour mot, la répétait comme un enfant qui récite une leçon à l'école.

Très amusé, je dis à mi-voix à Antonov :

Fig. 9. — Le tribunal de Seitova.

« Ces juges ont de bien bonnes têtes : j'aurais plaisir à les photographier ! »

Le scribe m'avait entendu :

« Vous désirez les photographier, me dit-il ? »

Et d'un geste qui n'admettait pas de réplique, il s'écria :

« Juges, dans la cour ! »

Les juges et le président, qui avaient mieux compris le geste que la parole, se levèrent, passèrent dans la cour, où je les photographiai ; puis ils rentrèrent dans la salle du tribunal et reprirent l'affaire au point où ils l'avaient laissée !

Le malheureux défendeur n'en eut pas moins tort devant la justice et le président rendit l'arrêt du tribunal en bredouillant comme il put ce que le scribe lui dit de répéter.

Les Bachkirs qui ont des difficultés entre eux préfèrent le plus souvent en référer à quelque vieillard vénéré, qu'ils prennent comme arbitre. Ils racontent qu'ils eurent jadis des juges intègres : le métier a été bien gâté depuis. Il y eut en effet des juges à vie et la renommée des bons juges leur attiraient beaucoup de clients. Des jeunes gens vivaient avec eux, apprenant ainsi à connaître les us et les coutumes. Aujourd'hui les juges sont nommés pour un an et ils en profitent pour remplir leurs poches le plus rapidement possible, car ils ne sont jamais sûrs d'être réélus l'année suivante.

« Tous ces sauvages, me déclara le scribe, lorsque toutes les affaires furent terminées, n'ont pas le sentiment de la justice !

— Heureusement que vous êtes là, lui répondit mon compagnon de voyage avec le plus grand sérieux ! »

Le président cependant s'était approché de moi, et je m'amusai à le féliciter de la façon dont il remplissait son rôle : il accepta mes éloges sans en être étonné, et il me confia qu'il avait du sang de magistrat dans les veines, car il descendait d'un juge fameux autrefois, Seitova, qui avait été l'ancètre de tous les habitants de Seitova. J'en pouvais conclure qu'ils étaient tous magistrats dans la commune, ce qui n'empêchait pas un certain nombre d'entre eux d'être de fameux voleurs.

Il est très possible que Seitova ait fondé le village; on dit qu'il eut un fils qui a laissé la renommée d'un saint, qui fut un prêtre fameux et qui a fait pendant sa vie et même après sa mort, des miracles dont le récit troubla Antonov lui-même. Ce moullah, dans sa vieillesse, était devenu aveugle, il visitait les malades, leur prenait la main, et ceux-ci, guéris par ce simple attouchement, se levaient et se jetaient à genoux pour remercier Dieu. Lorsque le moullah mourut, on l'enterra dans la forêt de Bakiéva, et depuis lors, on a vu parfois des flammes sortir de son tombeau et monter vers le ciel.

C'est ce dernier détail qui a le plus étonné Antonov :

« Je ne crois pas aux superstitions, me répétait-il à nouveau, non, je n'y crois pas. Mais enfin, du feu, cela se voit !

— Oui, lui dis-je le plus sérieusement possible, et surtout une flamme qui sort de terre et qui monte au ciel tout à coup !

— C'est évident, répondit Antonov convaincu, ces choses-là ne s'inventent pas. Je sais, d'ailleurs, que parmi tous ces Bachkirs, il y a beaucoup de sorciers, toujours prêts à nous jeter un sort ! »

Nous quittâmes à cheval Seitova pour nous rendre à Oumytbaéva ; il nous fallait quitter la vallée du petit Chichiniak et passer dans celle de la Mazara et de la Tara, dont la Mazara est l'affluent. La Tara, par la Zigaza et le Zilime, grossit la Bélaïa. La première montagne à gravir est le Bélétaou, et la seconde, le Bachtintaou. Les forêts qui couvraient ces deux montagnes étaient composées d'arbres de diverses essences, mais les pins et les sapins devenaient de plus en plus beaux et de plus en plus nombreux. Le caractère de l'Oural, les couleurs de la montagne changeaient donc complètement. Peu à peu, le sentier devint meilleur, grâce aux soins de l'usine française d'Avsiano-Pétrovski, à qui étaient alors affermées les forêts que nous traversions : des ouvriers qui y travaillaient, coupaient du bois pour le compte de l'usine.

J'avais avec moi une petite caravane. Le starchina dont j'ai déjà parlé m'accompagnait, ainsi que le garde forestier, l'aide du scribe, et deux autres Bachkirs. Mon compagnon de voyage et Antonov complétaient l'expédition. Le starchina me disait de temps à autre du mal du scribe que nous avions quitté :

« C'est un voleur et une canaille.

— Le chef du zemstro s'en apercevra peut-être, dis-je au starchina, il vous le changera et en nommera un autre.

— Dieu nous en garde ; celui-là a fait quelques économies, et quand il sera un peu plus riche, il deviendra moins mauvais. Si on en nommait un autre, tout serait à recommencer ! »

Ce raisonnement bizarre ne manquait pas de justesse. Le forestier qui l'écoutait et qui était le meilleur Bachkir que j'aie rencontré, nous interrompit :

« Bah, dit-il, quand on vit simplement dans son

trou, qu'on a un bon fusil pour tirer du gibier, et qu'on travaille deux ou trois fois par semaine, on se moque du scribe et l'on peut vivre heureux. »

L'aide du scribe qui nous écoutait se mit à rire. celui-là était très sympathique ; c'était un drôle de petit bonhomme, âgé de vingt et un ans et marié depuis peu. Il nous confia que sur un seul point il regrettait de ne pas être Bachkir : un Bachkir pouvait être polygame.

« Comment, vous parlez ainsi, vous, un marié d'hier, s'écria Antonov, et on dit pourtant que vous êtes très amoureux de votre femme.

— Certes, j'en suis très amoureux, mais qu'est-ce que cela fait si je me sens capable de faire le bonheur de deux femmes à la fois! »

Antonov, plein d'admiration, tendit la main au jeune homme en lui disant sans doute quelque chose de très vif car je vis rougir jusqu'aux oreilles le nouveau marié, puis, très gais, ils se tinrent quelques minutes à l'écart pour se raconter leurs aventures amoureuses : Hercule lui-même n'aurait jamais pu accomplir toutes les prouesses dont ils se vantaient tour à tour.

Nous aperçûmes enfin le village d'hiver d'Oumytbaéva, situé sur les bords d'une charmante rivière la Tara et entouré de sombres forêts de sapins. Je remerciai tous les hommes qui nous avaient accompagnés, mon compagnon et moi, car le staroste du village d'Oumytbaéva m'attendait avec une voiture que conduisait un jeune Russe. Le village était vide, les habitants campaient dans la forêt, à une dizaine de verstes de là. La route à suivre n'était pas mauvaise, mais bientôt il nous fallut prendre à travers bois : la voiture roulait sur une mousse épaisse et faisait craquer les branches de bois mort et les pommes de pin sur lesquelles elle passait. Les broussailles avaient disparu complètement dans cette partie de la forêt ; nous voyagions au milieu de beaux sapins au tronc lisse, et aux dimensions gigantesques. De gros pics noirs à huppe rouge grimpaient en criant derrière les branches, sur lesquels nous voyions sauter des écureuils. Tout à coup les cabanes d'été nous apparurent : elles ressemblaient en plus petit à des maisons russes et étaient construites en sapin. Le staroste avait sauté à terre en poussant un cri : un vieillard aussitôt sortit de la cabane et me dit :

« Sois le bienvenu, entre, tu es chez toi, dans la demeure de Sary Bay ! ».

On nous servit aussitôt des galettes chaudes sans beurre, que l'on arrosait de graisse fondue, c'était atroce, mais nous mourrions de faim. Le vieux Sary Bay avait, sans mot dire, pris sa kouraï et nous jouait tous les airs de son répertoire. Tout à coup, il nous fit entendre un air français qu'il avait appris de son père. C'est Sary Bay qui me raconta que son père avait été soldat en 1815 et qu'il avait suivi l'armée russe dans un pays lointain dont les habitants vivaient en mangeant des semelles de bottes : le Bachkir avait cru que ce que les Russes lui faisaient manger était l'ordinaire des Français.

« Mon père revint malade et couvert de maladies de peau, car il était resté huit mois sans se déshabiller ! Mais c'était un homme robuste, il se remit vite de ses fatigues, et il put chasser comme il l'avait toujours fait dans sa jeunesse, malheureusement il vivait dans les années où il n'y avait pas d'ours.

— Il y a donc des années où il n'y a pas d'ours ?

— Oui, un grand chasseur bachkir avait tué quatre-vingt-dix-neuf ours ; il eut le malheur de vendre la peau du dernier sans l'avoir fait sécher au soleil. Il revenait du village avec son argent, lorsqu'il rencontra un vieillard qui lui reprocha son péché. Le Bachkir qui ne souffrait pas qu'on le blàmàt, souffleta le vieillard ; celui-ci qui était sorcier, déclara qu'aucun Bachkir ne pourrait plus tuer d'ours. Pendant cinquante ans en effet, personne ne put tuer d'ours ; on en voyait pourtant beaucoup, car ils s'étaient multipliés en masse et ils venaient impunément dans les campements bachkirs, d'où ils enlevaient les filles pour les emmener dans la forèt. Un grand ours cependant vint un jour dans le campement d'un saint moullah, vénéré par tous et célèbre par ces vertus, il saisit la petite fille du moullah pour l'emporter. Celui-ci qui disait qu'on ne devait jamais tuer n'avait pas d'armes pour se défendre : instinctivement, il ramassa un petit arc d'enfant qui servait de jouet à sa fille et il lança une flèche qui pénétra dans le cœur de la bête ; depuis ce jour, l'enchantement cessa et les chasseurs bachkirs purent vaincre les ours. »

La femme du fils de Sary Bay nous apporta alors quelques affreux morceaux de graisse qu'Antonov dévora. Notre cocher était de religion dissidente et sa croyance ne lui permettait de prendre que du thé, du lait, de l'eau, du pain, ou des gâteaux de farine. Sary Bay, voyant que ce qu'il nous offrait ne nous convenait pas, nous promit de nous faire manger des truites : nous irions à la pêche dès que la nuit serait tombée. En attendant nous visitâmes le village, toutes les maisons étaient construites en sapin, mais les habitants les avaient quittés et étaient allés faire les foins dans les environs ; il ne restait dans le campement que quelques femmes, des enfants, des vieillards et des infirmes. Vers dix heures du soir, Sary Bay nous demanda si nous voulions accompagner son fils et son neveu à la pêche ; le torrent plein de truites coulait, nous disait-il, à une verste du campement. La nuit était très sombre ; à travers les sommets des arbres, on apercevait parfois le ciel plein d'étoiles, mais sans lune. Les deux Bachkirs portaient, l'un un arc et l'autre une sorte de bâton qui se terminait en massue, et chacun d'eux tenait à la main des branches résineuses enflammées. Poussés par la curiosité, Antonov et notre cocher nous suivirent. Un des deux Bachkirs prit les deux torches, l'autre, armé de sa massue, entra dans la rivière qu'il descendit doucement ; le Bachkir porte-flambeau le suivit et marcha doucement derrière lui, éclairant le fond peu profond de la Tara. Le premier s'arrêtait dès qu'il voyait une truite endormie, il l'écrasait de sa massue. Quelquefois les tireurs habiles préfèrent l'arc à la massue et clouent d'une flèche la truite au fond de la rivière. Notre pêche ne fut pas très fructueuse, nous parcourûmes environ un kilomètre, puis nous revînmes au campement. Un froid très vif se faisait sentir, nous marchions vivement à travers des champs de fraisiers sauvages qui parfumaient la forêt; à chaque pas, des lianes et des broussailles nous arrêtaient et nos pieds s'enfonçaient dans de grandes fourmilières. Les arbres gigantesques de la forêt, et surtout les troncs de sapins et de bouleaux abattus par l'orage qui étalaient devant nous leurs monstrueuses racines, prenaient dans la nuit glacée des aspects fantastiques à la lueur de deux énormes torches que portaient les Bachkirs; nous avancions en laissant derrière nous une longue traînée d'étincelles ; nous entendions autour de nous des bêtes invisibles, chèvres réveillées par nos pas, loups en chasse, s'enfuir; les chiens du campement aboyaient, enroués et furieux, les hibous se plaignaient au haut des sapins et des oiseaux effrayés s'envolaient, à demi réveillés, en battant lourdement des ailes.

Le fils de Sary Bay partageait sa cabane avec nous ; le père s'était couché déjà. Il faisait trop froid pour dormir en plein air. Antonov s'était étendu en long barrant la porte; des planches au fond de la maison formaient une sorte de lit de corps de garde, nous nous y étendîmes. Gabriel Lagerquist se mit près du mur, j'étais à ses côtés, puis venait notre hôtesse et notre hôte. Ce dernier avait accroché au plafond un rideau qui était censé me séparer de sa femme; à la vérité, nous étions serrés sans plus de cérémonie les uns contre les autres, et c'est cela qui nous sauva d'une fluxion de poitrine.

Le lendemain, la neige, bien que nous fussions au mois d'août, couvrait les montagnes voisines,

lorsque nous nous reveillâmes. Nos truites de la
veille étaient cuites, et l'on ne saurait croire combien est détestable une truite qui fut préparée dans
de la vieille graisse de mouton : Antonov seul put en
manger. Nous quittâmes Sary Bay et sa famille et
nous nous rendîmes en suivant des gorges pittoresques jusqu'au village d'Avsiano-Pétrovski où
se trouvait alors l'usine française d'Oural-Volga.
Après un jour de repos, nous repartîmes à nouveau vers Sterlitamak. La nouvelle route que nous
suivions était souvent difficile, faite parfois de troncs
d'arbres sur lesquelles la voiture roulait cahotée.
Nous traversâmes plusieurs villages d'hiver abandonnés par les Bachkirs ; nous ouvrions les portes
des maisons pour nous y reposer ou pour y coucher, et si le propriétaire en était revenu à l'impro-
viste, il aurait pu croire que son domicile avait été
envahi par les brigands. A la vérité, les vrais brigands furent certains Bachkirs qui refusèrent de nous
donner des chevaux et avec lesquels nous eûmes à
lutter énergiquement. Nous faillîmes même nous
faire écharper et ce n'est qu'à force d'énergie que
nous les amenâmes à composition. Nous arrivâmes
enfin chez un moullah à Akhmérova par une nuit
sombre. La route avait été transformée en marécage
par de grandes pluies et nous avions le visage couvert de boue. La maison du moullah était pleine de
cafards jaunes, si nombreux qu'on ne distinguait
plus la couleur des murs. Gabriel Lagerquist pour
en tuer quelques-uns leur jeta un peu de poudre
insecticide. Ceux qui la reçurent se mirent à remuer
aussitôt : ils étaient en rangs si pressés que tous

s'agitèrent; ils se bousculaient, grimpaient les uns
sur les autres, tombaient sur nous et nous dûmes
nous endormir sous une pluie de cafards.

A Zirgane, nous atteignîmes la route postale
d'Oufa à Orenbourg : c'est là qu'Antonov devait nous
quitter. Le village était très grand, et neuf, car il
avait été détruit l'année précédente par trois incendies successifs. Il était habité par des Russes, des
Mordves et des Tchouvaches. J'allai chez le chef du
zemstvo; devant la porte, les enfants et les domestiques m'attendaient pour voir comment était fait
un Français, et ils furent étonnés de constater qu'il
était à peu près fait comme eux.

Après Mélléouze, grand village prospère habité en
partie par des Tatars et dont quelques maisons sont
très belles, nous entrâmes dans la province d'Orenbourg, dont nous atteignîmes deux jours plus tard
la ville principale.

Orenbourg est une grande ville, point terminus
de la ligne de Moscou. Elle est située en Europe sur
la rive droite du fleuve Oural qui la sépare de l'Asie.
L'avenir qui lui est réservé est très grand, car c'est
d'Orenbourg que partira la ligne de Tachkent, dont
la construction est déjà très avancée; il sera possible alors d'aller directement et sans transborde-
ment de Pétersbourg au Turkestan. Au point de vue
stratégique, comme au point de vue économique, la
voie nouvelle sera beaucoup plus importante que le
Transcaspien lui-même.

Je ne connais pas de ville plus hospitalière
qu'Orenbourg! Jamais je n'ai été aussi bien reçu, je
ne me plaindrais que de deux choses, trop de cham-

pagne et trop d'eau-de-vie ! Le premier jour, le conseil municipal avait organisé en mon honneur une fête à la Cour d'échange ; celle-ci se trouve en Asie sur la rive gauche de l'Oural, c'est là que plus de cent caravanes viennent chaque année pour vendre les marchandises fabriquées dans la steppe kirghize, dans le Turkestan, ou dans les pays soumis à l'Émir de Boukhara et au Khan de Khiva. Une tente avait été dressée et un déjeuner préparé trop arrosé de vins et de mélanges bizarres, bière et cognac, bénédictine et café. Devant la tente, des chanteurs nomades jouaient du kobus, de la kouraï et de la dombra, sorte de guitare dont les Kirghizes se servent parfois avec beaucoup de charme. Des courses avaient été organisées.

Les Tatars eux-mêmes voulurent me faire honneur, et le prêtre principal, un akhoune, me mena dans les mosquées, dont la plus grande était très belle. Un concert de chanteurs appartenant à toutes les races représentées à Orenbourg fut organisé. Les mélodies que j'entendis ont été notées depuis par M. Rybakov, et chantées à Pétersbourg par une actrice bien connue même à Paris, Mme Dolina.

Je ne savais comment remercier la ville de tant d'amabilités et j'allai un jour déposer une offrande à la caisse de l'orphelinat. Les journaux d'Orenbourg le racontèrent le lendemain avec enthousiasme et un album me fut offert au nom de la ville par le conseil municipal. Le gouverneur m'invita un jour à aller visiter avec lui Iletskaia Zastchita, à 60 verstes d'Orenbourg ; nous étions accompagnés par la famille du gouverneur et par plusieurs

Fig. 10. — Concert donné par un Kirghize et un Bachkir.

fonctionnaires, le chef de la police nous précédait
et faisait préparer à chaque relais du thé et des
rafraîchissements.

A Iletskaïa Zastchita, nous descendîmes dans les
immenses galeries de sel gemme qu'on exploite :
une mine avait été préparée et l'on fit sauter devant
moi plusieurs énormes blocs.

« Chacun vous a fêté comme il a pu dans notre
bonne ville d'Orenbourg, me dit le vice-gouverneur;
pour ma part j'avais tenu à préparer, en l'honneur
de notre hôte français, ce gigantesque feu d'arti-
fice ! »

CHAPITRE VII

LE PARTAGE DES TERRES BACHKIRES
ET LA COLONISATION RUSSE

La question du partage des terres est déjà vieille au pays bachkir, les documents que j'ai pu recueillir sont nombreux, mais je ne saurais trop remercier un des fonctionnaires du gouvernement d'Oufa, M. Mikhaïlov, qui m'a donné les renseignements les plus précieux.

La Russie s'occupe beaucoup en ce moment de questions de colonisation et de partage des terres, questions qui se posent dans les provinces habitées par des populations primitives en Asie, surtout dans les grandes steppes où les indigènes turco-tatars ou mongols vivent en nomades et occupent de vastes espaces parmi lesquels des terres de premier ordre qui seraient excellentes pour la culture. Les indigènes d'Asie tiennent à conserver leurs terres, ceux de la Bachkirie se sont dépouillés d'eux-mêmes.

Au commencement du xviie siècle, les Bachkirs avaient déjà vendu des terres à vil prix. Des marchands russes avaient acquis, pour quelques centaines de roubles, des domaines immenses, et leurs descendants, qui en sont restés possesseurs, comptent aujourd'hui parmi les plus riches propriétaires de la Russie. Les Bachkirs d'alors ne comprenaient rien à ce qu'ils faisaient, la terre qu'ils vendaient leur semblait sans valeur : il resterait toujours assez d'herbe, pensaient-ils, pour nourrir les troupeaux. Ils ne se rendaient compte de la valeur d'une chose que lorsqu'ils pouvaient se la représenter d'une façon concrète : les quelques pièces d'argent, les livres de thé ou le sac de riz qu'on leur offrait, étaient des objets d'échange connus, et représentaient pour eux quelques journées de nourriture sans qu'ils aient le moindre travail à faire, et insouciants, ils consentaient au marché qu'on leur proposait. Le bruit de ces ventes arriva jusqu'à Pétersbourg; des marchands et des fonctionnaires, partis pauvres pour la région de l'Oural et revenus riches à Pétersbourg, avaient raconté leurs achats, qui, à vrai dire, étaient presque des vols, et le gouvernement s'en émut. Trouvant les ventes bachkires désastreuses, dès 1649, le tsar Alexis, dans le code qui porte son nom, les défendit purement et simplement. Les ordonnances impériales sont changeantes, car, dès 1736, les ventes furent de nouveau autorisées, et le sentiment qui fit édicter le nouvel oukaze était infiniment moins beau que le motif qui avait guidé le code Alexis. En 1736 en effet, on désirait donner des terres à des nobles, à des seigneurs et à des fonctionnaires et on tailla sans scrupule dans les domaines bachkirs.

En 1761, les ventes furent à nouveau en partie supprimées, mais non pas interdites, puisque la cession quelconque d'un terrain à un homme étranger

au pays restait permise pourvu qu'il y ait consen-
tement unanime du voloste [1].

En 1813, toute vente fut à nouveau défendue.

En 1832, une répartition des terres eut lieu entre
les Bachkirs, et l'Etat qui s'était chargé de la faire,
prit, pour sa part, des importants domaines qui, sans
doute, ne comptaient pas parmi les plus mauvais.
Quarante dessiatines furent déclarées être la part
inaliénable de chaque Bachkir, et, pour vendre une
partie des autres terrains appartenant à la commu-
nauté, il fallait la permission du gouverneur général
qui siégeait alors à Orenbourg. La vente enfin ne
pouvait être consentie qu'à l'unanimité du voloste.

En 1869, nouveau changement, et l'on décida que,
pour qu'une vente soit valable, on n'exigerait plus
l'unanimité du voloste. Les deux tiers des voix suffi-
raient désormais pour donner à la vente toute la
légalité désirable.

En 1882, parut enfin une loi qui est restée en
vigueur, et qui ne permet les ventes des terres bachkires qu'à deux sortes d'acheteurs, l'Etat ou des
sociétés de paysans russes, déjà légalement formée
ou simplement en voie de formation.

Cette loi nouvelle était dictée par les circons-
tances. L'abolition du servage avait enfin mis en
mouvement les paysans russes, qui, désireux de se
rendre maîtres de terres fertiles, avaient suivi
l'exemple donné jadis par les nobles et les marchands et avaient à leur tour acheté à des prix déri-

---

[1] Les Bachkirs sont comme les paysans russes répartis en
volostes ou cantons.

soires d'immenses propriétés chez les Bachkirs.
Des complications presque inextricables avaient
surgi ; les querelles avaient dégénéré en procès
interminables ; les paysans se sentaient soutenus
par l'administration provinciale qui semblait les
pousser à devenir propriétaires ; une nouvelle répartition des terres devint nécessaire, elle fut décidée,
et la part inaliénable de chaque Bachkir mâle ne fut
plus de 40 dessiatines, mais seulement de 15 désormais. On sait que c'est aussi 15 dessiatines que tout
paysan russe reçoit quand il va émigrer et s'établir
en Sibérie.

Les Bachkirs gênés dans leur vie nomade avaient
déjà changé leurs habitudes, et s'étaient efforcés de
devenir agriculteurs. On constatait déjà parmi eux
d'année en année un décroissement sensible de
population. Beaucoup d'entre eux s'étaient établis
vendeurs de terrains, et trouvaient là un moyen
facile de gagner à peu près de quoi vivre tout en ne
faisant rien. Ainsi que je l'ai dit plus haut, les
louages et les ventes firent naître entre aborigènes
et colons de continuels et interminables procès,
compliqués à souhait et presque impossibles à
résoudre. On voit encore aujourd'hui des Bachkirs
qui, ayant négligé de faire des provisions pour l'hiver, affamés, malades, louent aux colons russes,
moyennant un secours immédiatement versé, pour
un peu de sucre, de thé, de riz ou de farine, des
hectares entiers. Les provisions sont vite épuisées,
car les Bachkirs en usent gloutonnement, se figurant
qu'elles dureront toujours, et parfois, la misère
venue, ils se font engager comme domestiques et

labourent, pour les colons russes, les terres dont ils sont possesseurs et qu'ils ont donné en location à un prix tout à fait dérisoire.

Les paysans russes, très malins, comprennent admirablement la nature d'ailleurs peu complexe des indigènes ; souvent le paysan promet au Bachkir de payer en plusieurs versements et par petites sommes la terre qu'il convoite. La somme qu'il promet n'est pas sans importance ; il apporte très scrupuleusement son premier versement et fait même voir à son vendeur une somme très supérieure au prix partiel, mais très inférieure au prix global. Le Bachkir, ébloui par la vue de l'argent, tourmenté par le désir de toucher de suite, consent le plus souvent à prendre tout l'argent que l'acheteur lui montre et à donner quittance complète.

On comprend combien de procès ont pu résulter d'un pareil état de choses, mais ce qui en a provoqué le plus, c'est la naïve imprudence des Bachkirs qui, mis en goût par l'argent que leur avaient rapporté les ventes, commencèrent à vendre, sans bien se rendre compte de ce qu'ils faisaient, le même terrain dans le même moment à plusieurs personnes. Ils ne se préoccupaient nullement des conséquences de leur malhonnêteté. Les agents d'affaires eurent alors beau jeu pour voler à la fois les vendeurs et les acheteurs ; ils n'avaient même pas, comme ils le font partout et surtout en Russie, à compliquer les affaires de leurs clients pour les faire durer plus longtemps ; elles étaient assez embrouillées comme cela, et certains procès qui ne sont pas près d'aboutir durent depuis de longues années déjà. Il y a même des terrains, dont il est impossible aujourd'hui de désigner le vrai propriétaire.

*
* *

Le mouvement d'émigration des paysans russes a commencé vers la fin de 1869 ; il n'y avait avant 1867 que trois villages russes qui fussent situés dans le district de Sterlitamak. Nous en trouvons 21 en 1870, de 1870 à 1880 il s'en forma 77 et de 1880 à 1890, 87. Le mouvement continua et atteignit son apogée de 1890 à 1894, car en 1890, 252 familles de colons s'établirent dans la province, 321 en 1891, 247 en 1892 et 421 en 1893. L'émigration des paysans russes diminua d'importance, et de beaucoup, après cette date, parce qu'il n'y a pas eu de répartitions nouvelles entre les Bachkirs, et que les derniers arrivants eurent à lutter contre la misère. Les années mauvaises furent nombreuses, on subit souvent la famine, les troupeaux furent atteints par de terribles maladies contagieuses, et les hommes de loi, qui excitaient les paysans comme leurs voisins indigènes, les ruinèrent vite en procès.

Les paysans venaient de toutes les provinces de la Russie ; on a remarqué cependant que certaines provinces donnaient peu d'émigrants, ce sont celles de Pétersbourg, de Novgorod, de Tver, de Moscou, de Vladimir, d'Iaroslav, etc. Les habitants préfèrent à l'avenir incertain d'une émigration toujours pénible le travail plus facile et les gains plus sûrs à Moscou ou à Pétersbourg ; les hommes laissent leurs femmes au village et s'en vont travailler dans l'une des deux capitales. Les colons établis dans le gouvernement d'Oufa sont venus surtout des gouvernements de Samara, Penza, Viatka, Tambov, Koursk et Poltava. La plupart d'entre eux se sont souvent établis dans les plaines et dans les vallées des rivières ; seuls, ceux de Vialka habitués à la vie des bois ont préféré habiter dans les forêts. Il en est peu d'ailleurs qui se soient établis définitivement dès leur arrivée et la plupart ont changé de place plusieurs fois, toujours poursuivis par la misère. Dans une statistique établie par M. Mikhaïlov en 1898, on pouvait voir que sur 1.662 familles vivant dans la province en 1897, 892 avaient changé de place, toujours en quête de terres plus fertiles et de climat plus clément.

Il faut dire aussi que souvent les paysans se découragent et qu'ils quittent des terres excellentes pour aller s'établir dans des régions moins productives ; ils n'ont pas la patience de creuser profondément la terre, et d'ailleurs les instruments dont ils se servent sont par trop primitifs. La première année, la seconde et parfois la troisième, la récolte n'est pas mauvaise, mais la terre aurait besoin alors d'être amendée, ou tout au moins elle exigerait un travail plus sérieux. Les paysans se contentent de la remuer un peu et comme la récolte est mauvaise, ils déclarent que le sol ne vaut plus rien et qu'il faut aller s'établir plus loin. Ils renoncent à leurs maisons ; le village reste vide et abandonné et devient le refuge des voleurs et des rôdeurs si nombreux sur les routes de la Russie. Bien des gens se sont évertués à faire comprendre aux colons leur erreur,

mais les paysans russes, s'ils sont de bons enfants,
n'en sont pas moins les plus routiniers des paysans,
et ils accuseraient de péché ceux qui ne cultiveraient
pas la terre à la façon de leurs grands-pères. J'ai
vu des voyageurs qui leur montraient d'excellents instruments de travail, les paysans constataient qu'ils
étaient meilleurs, plus commodes et plus solides
que ceux dont ils se servaient, le prix en était modéré, ils refusaient pourtant de les acheter et les
vieux disaient en branlant la tête :

« On a pas besoin de ces machines-là ; nos pères
s'en sont passé : nos fils n'en voudront pas ! »

Je constate simplement le fait sans y attacher
d'importance, car la civilisation changera bien des
choses, et le paysan français qui est, à tous les
points de vue, plus développé que le paysan russe,
a, lui aussi, des préjugés incompréhensibles, des
idées routinières qui ne sont que des formes de la
superstition.

J'ai déjà énuméré les cultures auxquelles s'adonnent les paysans : blé, avoine, sarrasin, seigle,
chanvre, millet, etc. La culture est la seule occupation des hommes, sauf dans les régions où se
trouvent des fabriques ou des usines. Il y a dans
l'Oural beaucoup de mines en exploitation et plus
encore qui restent à exploiter, on y trouve du charbon, du platine, de l'or, de l'argent. Les mines les
plus riches sont sur le versant asiatique, et bien
des paysans ont quitté la culture pour aller y travailler : ce sont leurs femmes alors qui s'occupent
des champs. Les Bachkirs, au contraire, semblent
considérer avec effroi les travaux miniers et ils

refusent presque toujours d'y prendre part. Les
fabriques les plus importantes où travaillent les
paysans sont des distilleries qui produisent par an
environ 6.841.655 litres d'eau-de-vie à 40 degrés.

L'industrie rurale est peu développée, les petites
industries dans lesquelles excelle le paysan russe
et auxquelles il se consacre dans sa propre maison
et qu'on appelle en Russie les industries buissonnières, ne sont pas dans la province aussi importantes que dans les provinces voisines. Les paysans
sont venus tard dans la région, et avec la diminution des forêts et la réduction des troupeaux, la
population devenant plus dense et la grande industrie faisant des progrès notables, les industries buissonnières sont appelées peut-être à se développer
mal, malgré tout l'intérêt que leur porte le gouvernement russe [1]. »

Le jardinage n'a pas d'importance chez les paysans de la région de l'Oural, qui s'occupent peu de
leurs potagers où ils récoltent pourtant quelques
concombres et parfois dans les endroits bien exposés, des melons et des pastèques. Le tabac est cul-
tivé depuis quelques années ; il a même assez bien
réussi.

Les paysans s'occupent comme tous les Bachkirs
de l'élevage du bétail, des chevaux et des abeilles ;
ils engagent très souvent des indigènes comme bergers ou comme conducteurs de troupeaux. Les don-

---

[1] Il y a souvent dans les chefs-lieux de province des expo-
sitions buissonnières. En 1901 une très importante fut organisée à Pétersbourg par M. Nikolaievski, ancien commissaire
d'Asie russe à l'exposition de 1900.

nées fournies par les vétérinaires indiquent que l'élevage est en progression constante chez les paysans, en diminution au contraire chez les Bachkirs; le fait est incontestable, et les Bachkirs eux-mêmes ne le nient pas, mais ils cherchent à en rendre responsable les vétérinaires. Ils prétendent que certains vétérinaires, ayant besoin d'argent, viennent dans leurs villages, déclarent que les bêtes y sont atteintes de maladies contagieuses et annoncent qu'il va falloir les abattre. Les Bachkirs, s'ils le peuvent, se cotisent et donnent aux vétérinaires une somme d'argent, tout le monde est alors content, les vétérinaires qui ont la bourse pleine, les bêtes qui continuent à paître tranquillement, les propriétaires bachkirs qui ont su écarter la ruine menaçante. Parfois, les Bachkirs sont trop pauvres pour offrir le pot de vin nécessaire et certains vétérinaires font alors des hécatombes dans les haras et dans les étables. Il ne faut pas accepter les dires des indigènes comme articles de foi, malheureusement il se pourrait que leurs accusations renfermassent une part de vérité, et je dois avouer que j'ai assisté, sinon chez les Bachkirs, du moins en Sibérie, à une scène absolument semblable à celle que ceux-ci me décrivirent et où le vétérinaire reçut une somme de cent roubles. J'étais chez un indigène et la valeur du pot de vin se discutait dans la chambre contiguë à la mienne; le vétérinaire en m'apercevant fut un peu décontenancé, mais il ne rendit pas l'argent qu'il venait de recevoir.

Les paysans russes laissent paître leurs chevaux dans les steppes, ils les nourrissent avec le foin dont ils ont fait sagement provision pour l'hiver et, quand les récoltes de céréales ont été bonnes, on donne, ne sachant comment l'écouler, le blé à manger aux bestiaux.

Si l'élevage est en progrès au point de vue de la quantité, la qualité du bétail ne s'est pas améliorée, quoique quelques propriétaires aient fait des essais rationnels sur les bêtes de leurs haras; il est vrai que les essais sont sans importance, vu le nombre de bestiaux qui sont élevés dans la province. C'est peut-être l'élevage de la brebis qui réussit le moins bien; celui des cochons prend, au contraire, un grand développement, et non seulement les paysans, mais les propriétaires des grands domaines s'y adonnent sérieusement. Le cochon local est de petite taille, mais on tente en ce moment d'introduire dans le pays de l'Oural le cochon anglais.

L'élevage du cheval s'est amélioré surtout dans les localités où il existe des étalons reproducteurs appartenant à l'État. L'ancien type des chevaux bachkirs qui maintenant dégénère, semble appelé à disparaître, et dans tout le gouvernement d'Oufa on ne le trouve plus que dans les districts de Bélébey et de Sterlitamak. On laisse souvent paître les juments laitières sous la conduite de l'étalon. On s'aperçoit de suite de la valeur de l'étalon par son courage et par les attentions qu'il prodigue à ses juments : lorsque le soleil est ardent et que les bêtes vont chercher un abri dans la forêt, l'étalon leur donne en hennissant le signal du départ et marche le premier, car le danger est dans la forêt où le loup peut-être se cache et guette. Lorsqu'au contraire le soir, les juments quittent la forêt pour aller brouter dans la plaine, l'étalon marche le dernier, puisque le danger ne peut alors venir que par derrière. Si les loups attaquent le haras, l'étalon place les poulains au milieu, les juments font cercle, la croupe contre les petits et la tête en avant, et l'étalon furieux et terrible tourne à une allure vertigineuse autour du groupe ainsi formé ; les loups, le plus souvent effrayés, s'enfuient.

L'élevage des abeilles n'est pas l'apanage exclusif des Bachkirs : il occupe 10 p. 100 de la population indigène et 4 p. 100 des paysans : des ruches existent dans les prairies et surtout dans la montagne. J'ai déjà dit que le miel le plus exquis est celui que les abeilles font dans le tronc des vieux tilleuls : la fleur du tilleul donne au miel un goût très savoureux. Les paysans qui élèvent les abeilles ont des superstitions aussi tenaces que bizarres : ils croient par exemple que certains oiseaux font fuir les abeilles, qu'il est mauvais de s'approcher des ruches le vendredi, et que toute amélioration nouvelle serait considérée par Dieu comme un péché ! Les paysans des sectes dissidentes seraient peut-être moins superstitieux que les autres, ils ont pourtant aussi des croyances ridicules ; j'ai souvent remarqué dans les écuries des queues de pie accrochées au mur. Il paraît que le diable lorsqu'il entre quelque part se met toujours à califourchon sur quelque chose : le cheval sur lequel il se place invisible, tombe malade et meurt rapidement, mais s'il y a une queue de pie dans l'écurie, c'est sur elle que le diable se perche, et les chevaux sont sauvés. Cette histoire m'a été non seulement racontée par les paysans de la province d'Oufa, mais par ceux de Sibérie, en Transbaïkalie et dans le bassin de l'Amour.

Les paysans dissidents sont très nombreux dans la province d'Oufa ; ils pratiquent la religion orthodoxe avec conviction, mais ne veulent pas voir le pope ; l'homme disent-il, peut prier Dieu sans avoir besoin des prêtres. D'après le recensement général de 1897, il y aurait eu alors dans la province 23.485 dissidents, chiffre très inférieur à la réalité.

*
* *

On peut dire que les 2/5 des paysans cultivent des terres que les Bachkirs leur ont louées ou affermées ; 2/5 sont propriétaires de terres achetées aux propriétaires seigneuriaux, et 1/5 de terres achetées aux Bachkirs.

Prenons tout d'abord les paysans qui ne sont pas propriétaires des terres qu'ils cultivent, ou, pour mieux dire, étudions les conditions de louage et de fermage sur les terres bachkires. Lors de mon voyage au pays de l'Oural, il y avait 102 villages comprenant en tout 16.595 âmes qui étaient régis par des contrats plus ou moins légaux de louage et de fermage. On pouvait les diviser en trois catégories :

1° Villages sur des terres appartenant aux Bachkirs ;

2° Villages sur des terres non partagées ;

3° Villages sur des terres partagées par le gouvernement et formant la part inaliénable ou « nadièle » des Bachkirs.

La première catégorie comprenait alors 40 villages peuplés de 4.219 habitants qui louaient et occupaient environ 30000 dessiatines de terrain. Plus de la moitié de ces villages était en pourparlers pour devenir propriétaires des terrains qu'ils louaient, mais ils étaient encore loin d'atteindre la solution désirée. De grosses difficultés s'étaient élevées entre les acheteurs et les vendeurs, et les hommes d'affaires étaient venus donner des conseils aux deux parties et les avaient excitées l'une contre l'autre : les prétentions de chacune devenaient de jour en jour plus ridicules ; des querelles inattendues éclatèrent : si chaque paysan voulait être propriétaire et si chaque Bachkir ne pensait qu'à vendre, les colons n'étaient pas restés longtemps d'accord entre eux, comme l'exige la loi pour qu'un achat soit possible, et, d'autre part, les Bachkirs étaient en désaccord quand il s'agissait de prendre une décision définitive.

La deuxième catégorie comprenait quatorze villages et le sort des paysans qui la formaient était très misérable : les terrains qu'ils occupaient étaient mal délimitées. Ils ne savaient pas ce qui pourrait leur appartenir le lendemain, une nouvelle répartition d'ailleurs était décidée par le gouvernement. Ils ne pouvaient pas même indiquer la limite des terres louées par eux. M. Mikhaïlov qui était chargé d'étudier les moyens d'améliorer leur sort m'affirmait que le cinquième des colons de cette catégorie n'avaient pas de chevaux et que chaque année les trois quarts manquaient de pain. On avait voulu les décider à partir pour la Sibérie où on leur offrait des terres ; dix-neuf familles émigrèrent aussitôt préférant à leur misère les hasards de la vie sibérienne, les autres déclinèrent toute proposition, ils étaient trop pauvres et trop affaiblis par les privations pour entreprendre un pareil voyage. J'ai visité de tels villages aux jours de la famine : on n'y trouvait plus de bétail, toute la volaille avait disparu, et les parents voyaient leurs petits grelotter de froid et souffrir de la faim. Je ne pensais pas trouver jamais une plus épouvantable misère, je me trompais pourtant.

La troisième catégorie celle des paysans qui ont loué des terres avec le nadièle bachkir, était en effet plus malheureuse encore que la précédente. Ils avaient loué des emplacements pour construire leurs maisons et du terrain par lopins : ils vivaient tout près des Bachkirs, mais ils ignoraient complètement les conditions et les lois régissant la vente ou le louage. Ils pouvaient être chassés de leurs maisons et réduits à la mendicité ou au vagabondage, car la loi interdit de louer ou de vendre les terres qu'ils occupaient illégalement. Pour améliorer le sort de ces infortunés, il faudrait réduire encore la partie inaliénable accordée à chaque Bachkir, on y songe déjà, et pourtant ce sera une mesure excessive, et un abus de force, qui entraînera dans tous les endroits où la mesure sera mise en vigueur, la disparition des indigènes.

Quelques autres villages sont dans une situation

spéciale et bien meilleure, ce sont ceux qui n'acceptèrent pas d'avoir leurs nadèles, moyennant un paiement fixé au seigneur propriétaire de la terre par le gouvernement. Les propriétaires seigneuriaux leur donnèrent en location des emplacements pour leurs maisons, des pâturages pour le bétail, et des plaines pour les cultiver. Ils payaient au seigneur leur loyer soit en argent, soit en journées de travail. Ils n'étaient pas trop malheureux. Les quelques paysans qui étaient locataires de l'État, n'avaient pas à se plaindre de leur sort.

La pratique a démontré complètement que les lois actuelles ou anciennes n'ont eu aucune influence sur la location de terrain ; la preuve, c'est que la part inaliénable, le nadièle dont les Bachkirs devaient rester propriétaires, et qu'en principe, seuls ils devaient cultiver et qu'ils ne pouvaient légalement ni vendre, ni louer, est bien souvent loué et nombre de musulmans ne vivent que des bénéfices tirés de cette opération.

Il y a beaucoup de villages qui n'ont aucun papier prouvant qu'ils ont loué les terrains qu'ils occupent et quelques-uns seulement ont pris la précaution de faire établir des contrats chez les notaires d'Oufa ou de Sterlitamak. On comprend dans ces conditions, combien la tâche des tribunaux devient difficile, quand une cause leur est soumise ; ils ont la plus grande peine à reconnaître si les conditions de louage sont valables ou non. Le Sénat dirigeant s'est ému et a voulu remettre un peu d'ordre dans ces difficultés embrouillées et il a édicté des ordonnances spéciales pour faire respecter l'interdiction de vendre le nadièle, mais il n'a pu rien y faire et a échoué devant la force d'inertie qui s'opposait à lui.

Les Bachkirs ne veulent pas travailler la terre, ils la louent à des paysans, et si l'autorité s'en mêlait alors, ce serait le paysan russe qui y perdrait, car les Bachkirs ne louent qu'à celui qui paie comptant et ne consentiraient jamais à rendre l'argent reçu d'avance, souvent d'ailleurs aussitôt dépensé. Quelle conclusion peut-on tirer de tout cela : une seule, c'est qu'une loi comme la loi présente est insuffisante ; elle est par conséquent mauvaise ; car une loi n'est bonne que lorsqu'on peut la faire respecter. Enfin pour édicter un règlement définitif, il faudrait faire le plan exact de tous les terrains bachkirs, ce qui n'a jamais été fait.

Les villages qui possèdent des contrats notariés, ont seuls des documents recevables et faisant légalement foi ; les autres villages n'ont que de simples reçus faits en langue tatare ; la population elle-même les nomme Lettres de Filka, ce qui prouve bien d'ailleurs que ces lettres ne signifient rien et n'ont aucune valeur légale, car Filka est supposé être un homme ne sachant ni lire, ni écrire, qui aurait successivement vendu les mêmes terrains à quatre ou cinq individus. On m'a affirmé même que certains villages n'avaient aucun papier et qu'ils s'étaient entendus avec les Bachkirs sur parole : c'était de part et d'autre beaucoup trop de confiance !

Il est assez facile de décider un Bachkir à louer une terre en lui offrant un pot de vin et quelques verres d'eau-de-vie. La première année de location, le paysan russe donne ordinairement un rouble

par dessiatine, et les années suivantes de 15 à
20 kopeks. Les paysans établis dans le pays louent
bien moins cher que les colons récemment arrivés.
Il serait difficile d'établir le prix moyen de location,
il ne dépasserait pas de toute façon 40 kopeks ;
c'est-à-dire, traduit en français, un franc de location
par an et par hectare. On loue en général pour
douze ans. Il existe toute une catégorie d'usuriers
et de gens d'affaires qui jouent le rôle de sous-
loueurs ; ils prennent en location à vil prix d'excellentes terres chez les Bachkirs et les sous-louent
à des Russes à d'excellentes conditions.

Le paiement s'effectue toujours à l'avance quand le
terrain loué appartient aux Bachkirs ; ceux-ci ne con-
sentent à louer que si les arrérages de l'année sont
payés comptant, soit en argent, soit en blé, soit en
briques de thé, en bétail, en feutre ou en ustensiles nécessaires au ménage. Lorsque l'argent est
touché, les sociétés bachkires en font très scrupuleusement le partage entre leurs membres. Cette
façon d'agir a déplu aux autorités qui ont ordonné
que les paiements soient effectués toujours en argent
et que la somme soit déposée à la caisse du canton. Cette mesure nouvelle a déplu et aux paysans
et aux Bachkirs et a provoqué la rupture de beaucoup
d'anciens contrats.

Sur les terres seigneuriales, les loyers des fermages
sont payés petit à petit en argent ou en journées de
travail ; ils sont souvent très élevés et pour cette
raison irrégulièrement payés. On paie aux gros propriétaires une somme de 2 à 5 roubles pour l'emplacement donné pour la maison ; mais la plupart

d'entre eux les cèdent gratuitement afin d'attirer sur leurs terres le plus grand nombre possible d'ouvriers et de fermiers.

*
* *

Les terrains dont les paysans sont aujourd'hui propriétaires, ont été achetés on le sait déjà, soit aux Bachkirs, soit aux seigneurs et gros propriétaires dont les aïeux avaient jadis acquis à vil prix d'immenses domaines. Entre les paysans et ces derniers, la vente se passe régulièrement et selon la loi, mais la vente entre Bachkirs et paysans est très curieuse et offre toujours le spectacle le plus pittoresque qu'on puisse imaginer.

Le règlement qui la régit date du 15 juin 1882. Il fut établi alors qu'un terrain bachkir ne pouvait être vendu qu'à l'Etat ou qu'à des sociétés de paysans légalement constituées ou déjà en voie de formation. Les colons ou leurs représentants doivent s'entendre sur tous les détails de la vente avec le canton bachkir, car quelques voix seulement peuvent faire arrêter ou annuler la vente ; il faut en effet pour qu'elle soit valable, que les deux tiers des membres des cantons vendus y soient favorables. Les acheteurs doivent longtemps faire appel à leur prudence, et avoir une patience à toute épreuve ; on a vu des pourparlers n'aboutir qu'après trois ans de querelles et de discussions. Des paysans m'ont raconté, que c'était souvent après une rupture de pourparlers, au moment où ils croyaient l'affaire définitivement rompue, que les Bachkirs se montraient tout à coup, et sans qu'on en pût deviner le motif, de bonne composition et prêts à signer le contrat de vente préparé.

En dehors du prix de vente et des frais que toujours une vente entraîne, les paysans doivent avoir de côté une bonne somme pour les grosses dépenses préliminaires, qu'ils nomment d'un seul mot « l'Obscure ». Cette obscure comprend les nombreux pots de vin à offrir aux Bachkirs et parfois à certains fonctionnaires et à certains hommes de loi, qui trouvent un intérêt à éterniser les pourparlers ; sans eau-de-vie sans bons repas les Bachkirs ne consentiraient jamais à signer.

Les représentants des colons vont trouver d'abord secrètement quelques Bachkirs influents, qu'ils nourrissent largement de viande de cheval et de mouton et qu'ils abreuvent de thé et d'hydromel. De nouveaux pourparlers sont engagés quelques jours après avec les mêmes Bachkirs et d'autres plus nombreux mais de moindre importance, puis on convoque enfin la Société entière à des réunions appelées « skhody. » Là, les paysans cherchent à payer le moins possible, les gros pots de vin sont donnés depuis longtemps, mais il arrive parfois qu'un notable musulman qu'on a oublié d'inviter à la discussion essaie de faire manquer la vente et tout serait à recommencer, si on ne lui offrait, à lui aussi, « l'Obscure ». On signe alors le contrat préliminaire de la vente ; les paysans ont leurs poches pleines de menue monnaie, pour calmer, par des raisons sonnantes, les derniers aspirants à l'obscure. Souvent au dernier moment, les Bachkirs déclarent qu'ils ne signeront que si on leur achète un cheval, qui sera cuit, partagé, et mangé aussitôt par tous les assistants.

Enfin après toutes les formalités d'usage, le jour de la signature de l'acte définitif arrivé, les fondés de pouvoir des Bachkirs soulèvent toutes sortes de difficultés, refusent dè se rendre au lieu indiqué pour la signature et plus d'une fois la police a dû amener de force les musulmans récalcitrants. L' « obscure » atteint parfois 5 roubles par dessiatine.

Un tiers des villages était dans une condition bizarre : il avait acheté sans en avoir le droit ; il n'avait encore reçu ni la permission d'acheter, ni même celle d'émigrer.

Le prix du terrain a beaucoup varié; au commencement du siècle, on a vu un domaine de 25.000 dessiatines vendu contre une jument et dix-sept livres de thé.

De 1870 à 1880, le prix moyen d'une dessiatine était de 30 kopeks. Actuellement la dessiatine est vendue de 5 à 12 roubles par les Bachkirs, de 9 à 30 par les seigneurs et gros propriétaires. La plupart des villages ont eu recours pour effectuer leurs paiements à la banque rurale; celle-ci a même fait des opérations pour son propre compte, elle achète des terrains qu'elle revend, elle a acquis de cette façon près de 12.000 dessiatines de terres dans le gouvernement d'Oufa. Trop souvent malheureusement les colons engagent leurs terrains et les grèvent d'hypothèques. Ils acceptent des prêts à des taux exorbitants, tels qu'on en admet trop fréquemment[1] en Russie. Bientôt les paysans sont si endettés qu'ils ne peuvent plus faire face à aucun de leurs engagements ; ils sont à leur tour forcés de vendre à un prix dérisoire les biens qu'ils avaient régulièrement acquis. Le mal est que les paysans colons sont des hommes bornés et ignorants, qui ignorent la loi, et ne connaissent aucune des formalités qu'elle exige ; ils sont volés bien souvent et perdent à la fois leurs peines, leur temps et leur argent. Les avocats, et surtout les hommes d'affaires véreux, abusent d'eux, et nombre de fonctionnaires sont eux-mêmes trop avides pour leur donner gratuitement aide et assistance.

*
* *

Le partage des terres se fait dans les villages nouvellement établis, selon la fortune de chacun ; j'entends par là selon le rôle qu'a joué cette fortune dans le louage ou dans l'achat. On donne d'abord à chacun un emplacement pour la maison et un terrain à labourer, et plus tard le pâturage et les prés. Le partage dans les forêts se fait au fur et à mesure qu'on les transforme en terres cultivées.

La dimension de l'emplacement destiné à la maison est proportionnelle à la grandeur et à l'étendue

[1] J'ai connu à Moscou un négociant qui, lorsqu'il empruntait, n'était pas étonné de payer du 12 et du 15 p. 100. Je connais à Pétersbourg des prêts hypothécaires sur des maisons situées perspective Nevski et perspective Liteiny à 10 et 12 p. 100. Ce sont des choses que l'on ne pourra pas toujours tolérer.

de la part du terrain qui incombe à chacun ; cependant cette règle n'est pas absolue, car chez certains colons très pauvres si elle était appliquée, la maison serait si petite qu'elle deviendrait inhabitable à une nombreuse famille, et ce sont toujours les plus pauvres qui ont le plus d'enfants.

Le partage des champs se fait aussi selon la somme engagée par chacun dans le louage ou dans l'achat. On partage le pâturage d'après le nombre de bestiaux que possède chaque colon : on fixe une unité de pâturage représentant la part nécessaire à chaque bête, en faisant auparavant une opération spéciale. On décide qu'un cheval jeune et valide vaut plusieurs vieux chevaux, qu'un vieux cheval vaut un taureau ou une vache ou bien encore cinq brebis ou moutons. Le vieux cheval est en général pris comme unité, on fixe ainsi un chiffre normal de bêtes qui doivent appartenir à chaque colon ; et le colon riche paie un rouble par an et par tête de bétail, car son troupeau est plus important que le chiffre conventionnel précédemment fixé; cet argent est destiné à ceux dont le bétail est au contraire inférieur à ce chiffre.

Quand les colons sont des Petits Russiens, chacun prend ce qu'il veut pour l'emplacement de la maison. Au cas d'achats de terrains en commun, les colons font entre eux un pacte. Par ce pacte, un des colons, voulant s'en aller du pays, doit fournir un remplaçant.

Le colon paie les impositions diverses, les impôts du gouvernement et du zemstvo, par exemple, mais il en est d'autres moins importants et qui sont très lourds. Chaque paysan met pour l'entretien de l'administration, pour les chemins, l'église, les scribes de la maison commune, pour les starostes et les postiers . Le chef du zemstvo pourvu que l'impôt soit payé par les colons nouvellement arrivés ne s'inquiète guère de faire la statistique exacte des colons, la justice n'est pas toujours respectée par lui. Il y a des villages où les colons paient le double des impôts fixés par la loi. Cela vient de ce que le prélèvement y est fait d'une façon spéciale et de ce qu'il y a quelquefois des prélèvements inattendus et injusticiables.

C'est l'élu du village qui fait les prélèvements : il est le représentant du village et remplit toutes les fonctions.

J'ai dit que les paysans payaient un impôt pour l'église. Il y a peu d'églises dans la province, et souvent pour s'y rendre les paysans doivent faire trente ou quarante verstes. Il est vrai, comme je l'ai dit, qu'il y a beaucoup de dissidents qui vivent sans église et sans prêtre et chez lesquels le plus vieux du village fait la lecture des textes sacrés.

Les églises sont bâties en pierres, les maisons sont en général en bois, et quatre et demi p. 100 en terre glaise. Les écoles sont encore peu nombreuses; quant aux hôpitaux, il n'y en a pour ainsi dire pas : l'administration a négligé d'en construire, deux petites maisons appelées hôpitaux privés remplissaient mal le but qu'ils se proposaient lors de mon voyage dans le district de Sterlitamak.

Il y a pour les Bachkirs des écoles rudimentaires peu fréquentées. Tout le service de l'instruction publique est sous la haute direction du curateur d'Orenbourg de qui dépendent tous les établissements scolaires du gouvernement de Perm, Oufa, Orenbourg, Tourgaï et Ouralsk, à l'exception dans cette dernière région des écoles purement cosaques que dirige la direction même de l'armée.

TROISIÈME PARTIE

LES COSAQUES DE L'OURAL

CHAPITRE VIII

LES COSAQUES DE L'OURAL — LA VILLE D'OURALSK
SCÈNES DE LA VIE MILITAIRE

L'hospitalité russe a été toujours célébrée par les voyageurs ; je ne sais pas de régions où elle soit pratiquée d'une façon plus large et plus charmante que chez les Cosaques de l'Oural. Je n'ai jamais été très tendre dans les articles que j'ai publiés pour les Cosaques de Sibérie, je reconnais au contraire à ceux de l'Oural de grandes et de précieuses qualités.

Toute la province qu'arrose le fleuve Oural est le pays de l'armée cosaque. Les Cosaques de l'Oural ne forment pas, au point de vue ethnographique, une race spéciale, et l'on trouve chez eux les types les plus divers. Après la destruction des royaumes tatars, des aventuriers de toute race et d'origine très différente, se rassemblèrent dans le bassin inférieur de la Volga et dans la région du fleuve Oural : à Moscou, on les traitait de brigands, mais ils se donnaient à eux-mêmes le nom d'hommes libres. Pour bien employer leur activité, on leur confiait des tâches

difficiles et on les désignait pour les postes dangereux. A Pétersbourg on n'était pas fâché de les savoir
occupés au loin, car on avait quelque peur d'eux ;
longtemps ils firent la guerre pour le tsar aux frontières, se montrant toujours pillards, mais pillards
très héroïques. Ils participèrent pourtant à la fameuse
révolte de Pougatchev et le nom de ce rebelle ambi-
tieux dont la maison existe encore à Ouralsk qui est
le chef-lieu de la province, est encore souvent cité, et
non sans fierté, par les Cosaques. Ils se rappellent
avec orgueil que l'un d'entre eux a pu tenir en échec
la grande Catherine elle-même.

Depuis 1833, leur chef, l'atamane de l'armée cosaque, est nommé par le tsar et n'est plus même un
Cosaque : le poste était occupé, lors de mon voyage
en Russie d'Orient par un des hommes les plus dis-
tingués de l'aristocratie russe, le général Maximovitch, actuellement atamane des Cosaques du Don.
De tous les Cosaques, ceux du Don sont de beaucoup
les plus nombreux, citons ceux de Kouban, d'Astrakhan, d'Orenbourg, et enfin de Sibérie auxquels
des terres ont été concédées depuis Orenbourg
jusqu'à l'Irtych et le long de l'Irtych, du fleuve
Amour et des frontières asiatiques.

Les Cosaques de l'Oural forment une armée spéciale,qui a une administration qui lui est propre, ses
finances, ses tribunaux et ses écoles. Chacun d'eux
prête serment à dix-neuf ans, sert deux ans dans
sa province, puis dans les grandes villes de Russie
ou bien auprès des frontières. L'armée est composée
d'hommes superbes, très aguerris et qui ont pour
le danger le plus profond mépris. Ils sont braves,

actifs, intelligents, mais vifs, emportés, enclins à la brutalité. Il n'y a pas de gens plus hospitaliers qu'eux : ils remercient l'hôte qui entre dans leur maison. Offrir de l'argent au plus pauvre pour prix de son hospitalité, serait considéré comme une offense.

Ils ne sont pas très instruits, ils aiment trop l'action pour s'adonner à l'étude, mais presque tous pourtant savent lire et écrire. Ils sont, il est vrai, pour la plupart, de religion dissidente, et j'ai toujours remarqué qu'en Russie l'instruction primaire était plus développée dans les sectes dissidentes que chez les chrétiens orthodoxes.

La ville principale de la province, Ouralsk, est située à peu près à égale distance de la mer et de la frontière du gouvernement voisin d'Orenbourg, sur la rive droite du fleuve Oural. Je gagnai cette ville après avoir quitté Orenbourg, en suivant en tarantas, du nord au sud, la rive droite du fleuve. Je traversai de nombreux villages assez semblables à ceux des autres provinces de Russie, mais incomparablement plus propres. Les maisons étaient toujours bien tenues, et, dans les relais de poste, je pouvais tranquillement dormir sans avoir à livrer bataille à des légions de punaises affamées, comme cela m'était arrivé trop souvent dans les gouvernements d'Oufa, de Kazan et d'Orenbourg. J'habitai, il est vrai, assez rarement le relais de poste : dès mon arrivée, j'étais invité par un Cosaque fortuné, qui presque toujours me servait lui-même et tenait selon la vieille coutume russe, à ce que mon verre soit rempli par sa fille. L'invitation était chaque fois faite si simplement et si cordialement que j'aurais eu mauvaise grâce à ne pas l'accepter. Souvent, je dus insister longtemps pour que mon hôte se décidât à s'asseoir à sa propre table et à partager le repas qu'il avait fait préparer pour moi et qui se composait presque toujours de hors d'œuvres arrosés d'eau-de-vie, de laitage, de viande de mouton, de melons ou de pastèques.

Dès que j'atteignis Ouralsk, j'envoyai le soldat cosaque qui, depuis la frontière de la province m'avait accompagné comme guide et comme domestique, prévenir le gouverneur de mon arrivée.

« Tu as accompagné le voyageur français, demanda le gouverneur, tout s'est-il bien passé ?

— Tout s'est très bien passé, Excellence !

— Mais comment diable avez-vous pu vous entendre ? Quelle langue avez-vous donc parlé ? »

Nous avions naturellement parlé russe, mais la question du général bouleversa le malheureux soldat, c'était d'ailleurs le moins bien doué de tous les Cosaques que j'ai connus ; il se fit dans son esprit un travail inaccoutumé : c'était pourtant vrai, le voyageur était Français et lui, au contraire, était Russe, comment donc en effet avait-on donc pu s'entendre !

Il répondit alors, complètement ahuri :

« De quelle langue nous sommes-nous servis ? Ça, Votre Excellence, je ne peux pas le savoir, mais nous nous sommes parfaitement compris tous les deux ! »

La ville d'Ouralsk, où se passait cette scène, ne renferme pas de monument remarquable, elle ressemble à toutes les villes russes de province, mais les maisons des plus pauvres quartiers sont assez propres ; les rues, très larges, se coupent à angle droit. En été une poussière, à la fois sèche et épaisse, y vole en tourbillons, dès que le vent souffle ou dès qu'une voiture passe. Les rues se transforment en bourbiers profonds après le moindre orage et sont infranchissables au moment de la fonte des neiges. Les trottoirs très primitifs sont faits avec des planches plus ou moins solides et qui lentement pourrissent, et dans lesquelles les jambes des piétons s'enfoncent parfois jusqu'au genou. Les quelques monuments de la ville sont la maison de l'atamane, les églises, l'école réale, l'école d'agriculture, l'arc de triomphe et la maison de Pougatchev qui n'est curieuse que parce qu'elle fut habitée au XVIIIe siècle par le fameux révolté, dont nos lecteurs ont lu déjà le nom dans le chapitre sur Kazan, Pougatchev, qui fomenta et dirigea la révolte contre Catherine II.

Un petit club a été construit au fond d'un jardin public, il est très fréquenté la nuit ; la jeunesse y danse parfois et on y joue tous les soirs. Les femmes elles-mêmes s'y abandonnent jusqu'à une heure très avancée de la nuit aux plaisirs de leur jeu préféré, l'insupportable loto-domino russe.

Il faut réserver une place à part parmi les curiosités à un grand barrage qui sera décrit plus loin et qui est un obstacle infranchissable pour les gros poissons venus de la mer Caspienne.

La force corporelle est une des qualités que les Cosaques prisent le plus dans un homme. Un homme fort est presque toujours un homme bon et coura-

geux : rien n'égale aux jours du danger l'audace et
la bravoure des soldats cosaques. Dès le plus jeune
âge, on les exerce et on assouplit leur corps par des

Fig. 11. — Soldat cosaque.

gymnastiques graduées. Tout petits enfants, ils sont
mis sur des chevaux qu'ils apprennent vite à maîtriser, et leurs corps, naturellement agiles et résistants,
s'endurcissent et s'habituent à supporter la fatigue

et la faim. Les gamins préfèrent de beaucoup la
leçon de gymnastique à celle de grammaire. Un
officier me fit un jour visiter une des écoles pri-
maires, tout fier de me montrer la jeune génération ;
quand nous arrivâmes dans l'école, les enfants ne
nous remarquèrent pas tout d'abord, et continuè-
rent à jouer violemment et très bruyamment ; ils
s'arrêtèrent cependant en nous voyant, mais l'officier
cosaque s'écria :

« Faites du bruit, faites du bruit, les enfants
des soldats cosaques, doivent toujours faire du
bruit ! »

Les écoliers ne se le firent pas dire deux fois. Les
maîtres cependant donnèrent le signal de rentrer en
classe, l'officier m'offrit de les suivre et de les interroger : je ne pourrais pas dire qu'ils étaient de brillants élèves.

Ainsi élevés, les Cosaques grandissent et gardent
pour la force une estime toute particulière. Je ne
puis oublier qu'un jour, dans les environs d'Ouralsk,
je cherchais en vain un pont ou une planche pour
traverser un ruisseau qui se trouvait sur ma route ;
un soldat cosaque m'accompagnait, tout à coup,
avant que j'aie eu le temps de résister ou seulement
de comprendre ce qui m'arrivait, il m'enleva comme
une plume, traversa la rivière sans avoir même
retiré ses bottes, et alla me déposer sur la rive
opposée. Je ne saurais passer pour un poids léger,
et j'étais pourtant presque froissé d'avoir semblé
aussi peu lourd à l'hercule qui m'avait soulevé.

Une pareille force mise au service de la discipline
militaire, peut avoir des conséquences terribles, car

le Cosaque exécute toujours sa consigne à la lettre : tant pis si l'ordre a été mal donné ou mal compris.

Les Russes parlent quelquefois des défauts des soldats cosaques, mais au fond, ils les admirent et en sont très fiers. Lorsqu'à Pétersbourg ou à Varsovie, on les voit passer, sanglés dans leurs tcherkesses, bleues ou rouges, brunes ou violettes, et exécuter sur leurs chevaux infatigables et admirablement dressés, leurs merveilleux exercices de voltige, ils donnent bien l'impression du courage et de l'intrépidité dont ils ont fait preuve dans leur héroïque histoire. S'ils doivent faire une charge un jour d'émeute, les gens s'enfuient épouvantés ; si, pendant une cérémonie, ils sont simplement chargés de maintenir l'ordre dans la foule, les moujiks s'écartent d'eux et se tiennent à une distance respectueuse, sachant que les Cosaques sont toujours esclaves de la discipline et que pour exécuter l'ordre reçu, ils emploieraient au besoin la force. Je me souviens que lorsque la foule venait saluer le corps de l'empereur Alexandre III, quelques jours après sa mort, les Cosaques étaient chargés du service d'ordre. Je vis alors une femme assez bien mise et qui devait appartenir à la classe bourgeoise, qui, pour passer au premier rang, bousculait les gens placés devant elle. Comme elle était assez gentille, les hommes ne murmuraient pas trop et la laissaient s'avancer. Un Cosaque, spectateur de la scène, s'approcha : il se pencha et, sans descendre de son cheval, il saisit la femme par la nuque, la souleva et s'en fut la déposer à la place qu'elle n'aurait pas dû quitter.

La malheureuse était presque évanouie, tant son épouvante était grande.

Outre l'école, qui dépend de l'armée, et où seuls, des enfants de soldats cosaques peuvent étudier, il y a aussi à Ouralsk une importante école réale dont les maîtres relèvent du curateur de l'instruction publique, qui a son siège à Orenbourg. Notons aussi de petites écoles tatares et l'école des arts et métiers ; cette dernière comprend un grand et beau bâtiment moderne et des ateliers. Les enfants qui fréquentent cette école sont non seulement des Cosaques, des Grands ou Petits Russiens, mais aussi des musulmans indigènes, Tatars ou Kirghizes, ou même des bouddhistes, comme les Kalmouks d'Astrakhan. Chaque élève choisit le métier qu'il veut apprendre ; outre le maître qui enseigne la langue russe, le calcul, la géographie et l'histoire naturelle, il y a des autres maîtres dans chaque atelier et les enfants se préparent à des métiers variés : cordonniers ou forgerons, serruriers ou menuisiers. J'ai visité à Orenbourg une exposition très intéressante des objets fabriqués dans de telles écoles : il y en avait de très ingénieux.

Les ateliers étaient vastes, et les maîtres ouvriers me parurent s'acquitter intelligemment de leur tâche ; il est vrai de dire que les enfants travaillaient de tout leur cœur. Ils étaient groupés par nationalité, non pas que l'administration leur en eût donné l'ordre, mais par un goût facile à comprendre. J'ai remarqué que les enfants cosaques choisissaient de préférence à tous les autres, les métiers les plus bruyants. Ils aimaient à se faire menuisiers, ou

forgerons ou serruriers ; les Kirghizes et les Kalmouks, plus calmes et plus avares de leurs mouvements, excellaient dans le métier· de cordonnier.

Pour terminer la liste des monuments, il faut dire
qu'il y a depuis quelques années une gare à Ouralsk,
La ligne qui finit à Ouralsk part de la rive gauche de
la Volga. Pour gagner Saratov, il faut traverser le
fleuve, large à cet endroit de 4.800 mètres. On n'a
pas encore parlé de construire un pont colossal
devant Saratov. On peut donc aller directement de
Pétersbourg ou de Moscou à Ouralsk, mais un trans-
bordement est donc encore nécessaire. L'hiver, une
voie provisoire est établie sur la glace qui couvre
la Volga.

On remarquera que je n'ai pas parlé de musée :
cela ne signifie pas que les Cosaques dédaignent les
choses de l'art, ils sont même, au contraire, amateurs d'objets précieux ; ils aiment les belles armes,
les ceintures de luxe, les harnais ornés de turquoises. Ils ont rapporté de l'étranger, après les
guerres qu'ils ont faites, des collections rares, des
armes et des étoffes du xviiiᵉ siècle ; à ce point de
vue, la campagne de 1815 a été très fructueuse, et
les soldats cosaques ont su faire, chez nous, eux
aussi, une ample moisson de jolies pendules.

Un jour, le colonel Oganovski, qui commandait
l'état-major d'Ouralsk vint me trouver : il me dit qu'il
m'avait entendu exprimer le désir de voir les exercices de voltige des soldats ; il avait, ajouta-t-il,
rappelé une sotnia des soldats qu'on avait con-
gédiés quelques jours avant. On sait qu'une sotnia
est une compagnie de cent hommes.

La sotnia rappelée était réunie au champ de manœuvres, non loin de la ville, et le colonel m'invita à assister aux prouesses de souplesse et de force que font à cheval les Cosaques et qu'on connaît, en Russie, sous le nom de djiguitovki.

Le mot djiguit signifie, en langue kirghize, un jeune gars fort adroit et courageux. On dit d'un homme, c'est un djiguit, comme on dit chez nous : c'est un gaillard. Chez les nomades d'Asie, c'est un éloge que toujours un père accorde à son fils, lorsque celui-ci a pu habilement voler les chevaux du voisin.

Beaucoup d'habitants d'Ouralsk s'étaient rassemblés autour du camp qui, très vaste, n'était pourtant qu'une très petite partie de l'immense steppe dont la limite semblait être plus loin même que l'horizon.

Les cent soldats étaient tous à cheval : cinquante, vêtus de la blouse blanche, tenaient leurs sabres à la main, les autres, sanglés dans la longue redingote de drap sombre qui leur sert d'uniforme, portaient des lances.

Tout d'abord, la sotnia défila lentement devant nous, elle fit l'exercice et exécuta différents mouvements d'évolution, comme si elle voulait enfermer peu à peu dans un cercle infranchissable un ennemi invisible.

Deux poteaux furent alors plantés à terre assez loin de nous : le premier supportait une petite botte de foin ; une branche d'arbre flexible, au milieu de laquelle était noué un ruban rouge, était enfoncée dans le second.

Les soldats furent alors placés à 200 mètres des poteaux. A un signal donné par le colonel, deux hommes lancèrent leurs chevaux à toute bride : l'un devait en passant au triple galop, couper, d'un seul coup, la tige à l'endroit même où le ruban rouge était fixé, tandis que l'autre, piquait, enfilait et emportait la botte de foin placée sur l'autre poteau. Près des poteaux, des hommes changeaient les branches coupées, ou posaient de nouvelles bottes de foin, pendant que devant nous, à une allure de plus en plus folle, passaient tour à tour les soldats. Lorsque le colonel qui se tenait auprès de moi donna l'ordre de commencer un autre exercice, le capitaine de la sotnia s'élança vers nous.

« Je vous en prie, mon colonel, dit-il, laissez-moi faire avec mon lieutenant le même exercice que mes hommes. Notre ami français a vu ce que valaient les soldats, je tiens à lui montrer ce que sont les officiers ! »

Le colonel sourit et donna l'autorisation demandée. Le lieutenant enleva avec une adresse incomparable la botte de foin avec la lance dont il s'était armé ; quant au capitaine, il fit merveille sur son cheval, qui ne semblait pas toucher terre, il exécutait des moulinets terribles avec son grand sabre, et il fendit la branche d'arbre en coupant en deux parties le ruban rouge même. Puis, très fier de lui-même, il vint chercher nos félicitations.

Des exercices nouveaux commençaient, semblables à ceux qu'exécutent, dans les cirques, les écuyers les plus renommés : cabrioles, sauts exécutés par-dessus un cheval au galop, papiers et mouchoirs ramassés dans un renversement, les pieds pris dans l'étrier et la tête en bas. Les cava-

liers jetèrent alors leurs selles, et passèrent devant
nous, debout sur leurs chevaux, d'abord au pas,
puis au trot, enfin au galop. Ils se rangèrent, deux
par deux : un Cosaque se tenait debout, un pied sur
un cheval, l'autre pied sur un autre, portant un
soldat sur ses épaules. C'était là une gymnastique
folle : les chevaux prenaient goût aux exercices
qu'on leur faisait faire, et peu à peu devenaient plus
fougueux et plus ardents. Le public qui nous entourait et qui était devenu plus nombreux, complètement emballé, applaudissait. Un vieillard qui s'était
approché de moi, s'écria :

« C'est beau, n'est-ce pas, « Moussié » Français,
c'est beau. Mais que diriez-vous si vous aviez vu
nos exercices, à nous, les vieux. De notre temps,
nous étions tous des géants ! »

Je ne pus m'empêcher de sourire, et pourtant le
vieillard ne se flattait pas ; c'était un homme superbe,
à la longue barbe blanche, un géant comme il le
disait, capable encore d'abattre un bœuf d'un seul
coup de poing.

Les soldats cependant s'étaient arrêtés et groupés ;
tout à coup l'un d'eux, figurant un ennemi qui
s'échappe, lança son cheval au quadruple galop ;
l'animal, couvert d'écume, les naseaux fumants,
partit à une allure prodigieuse ; deux soldats à cheval s'étaient lancés à sa poursuite. L'un d'eux allait
atteindre le fugitif et se tenait déjà à ses côtés,
lorsque celui-ci se retourna, tira un coup de pistolet,
puis excita avec l'éperon son cheval affolé. Le second Cosaque cependant avait fait cabrer son cheval,
puis, simulant la mort, s'était laissé tomber à terre,

le troisième arrivait au même instant; sans ralentir l'allure de son cheval, il se suspendit par les pieds, fit un renversement, ramassa son camarade, le souleva, le coucha, dans un rétablissement vigoureux, devant lui, sur sa selle, et continua sa poursuite acharnée. Je n'avais jamais vu plus merveilleux spectacle.

Tous ces exercices, admirables de force, d'agilité et de précision se succédèrent pendant une heure environ; il y eut malheureusement un accident; un soldat tomba et fut traîné longtemps par son cheval emballé; le malheureux n'avait pu ôter son pied de l'étrier. Le vieillard qui m'avait déjà parlé me dit à demi-voix :

« Même si l'accident était arrivé à mon fils, je ne me plaindrais pas, et je ne serais pas fier de lui : celui qui tombe est un maladroit.

— Alors de votre temps, lui dis-je...

— Les vrais Cosaques ne tombent jamais. Pendant les batailles, ils restent morts fixés à leur cheval, et l'ennemi qui les croit toujours vivants, les vise et les blesse encore. De mon temps on ne tombait pas ! »

Je crois bien que le vieux exagérait, mais il avait l'air si franchement convaincu que je ne voulus rien lui répondre; il n'avait gardé du passé que des souvenirs heureux.

Les officiers m'offrirent alors de visiter les casernements, et je les vis qui serraient avec respect la main du vieillard avec lequel je m'entretenais.

« C'est un de nos héros, me dit le colonel, il a dans le Turkestan résisté avec quelques camarades à des assauts donnés par plus de cent hommes, et c'est lui qui, blessé grièvement, disait à un de ses compagnons : Tant que je suis sur mon cheval, je ne sens pas mes blessures ! Et, pour prouver son dire, il chantait tout ensanglanté la plus joyeuse chanson de son répertoire.

— Une chanson cosaque !

— Il chante encore, il danse, il boit, c'est un vrai Cosaque. Il prétend aussi que, malgré son âge, à la danse, au vin et au jeu de l'amour, il est toujours vainqueur ! Il a encore plus d'un succès près du beau sexe ! »

Nous arrivions devant les casernements, près desquels une table avait été dressée, supportant un gros tonneau d'eau-de-vie. Les soldats se rangèrent devant nous et plus loin, les habitants de la ville formèrent le cercle. Le colonel choisit un verre et l'emplit. Il prit la parole, et dit aux soldats qu'il avait ordonné les djiguitovki afin de montrer à un Français chargé de mission de son gouvernement dans la province de l'Oural, ce qu'était la vaillante armée cosaque; puis levant solennellement son verre, il but à l'empereur Nicolas.

La musique joua l'hymne national russe, le *Boje tsaria Khrani*; les officiers écoutèrent le chant national de leur pays en faisant le salut militaire, tous les civils s'étaient découverts respectueusement, et, les imitant, j'avais enlevé mon chapeau. L'hymne terminé, les soldats lancèrent en l'air leurs bonnets à poil en poussant d'interminables hourras. Le colonel cependant avait rempli encore une fois son verre :

12.

« Je lève encore mon verre, mes amis, s'écria-
t-il, mais cette fois, c'est en l'honneur du pays ami
qui a envoyé parmi nous en mission celui que nous
accueillons aujourd'hui de tout notre cœur et dont
nous nous efforcerons de faciliter la tâche ! A la
France ! A son président ! A son chargé de mission
parmi nous ! »

La musique du régiment attaqua la *Marseillaise*,
les officiers tirèrent leurs sabres et tous les habitants de la ville se découvrirent dans un même
mouvement, je regardais et j'écoutais non sans émotion, puis les soldats se mirent à nouveau à crier
hourra et à lancer, dans un élan formidable, leurs
bonnets en l'air, tandis que tous les habitants de la
ville faisaient entendre des cris et des applaudis-
sements.

On m'invita à souper avec les officiers et leurs
femmes, j'entendis à un moment l'une de ces dernières qui murmurait à sa voisine : « Ma chère,
j'avais toujours envie d'aller à Paris, mais cela ne
me tente plus autant; tous les Français que je vois
sont trop petits ! » La réflexion était peu flatteuse,
mais il est vrai qu'un Français de taille moyenne
paraît petit au milieu des soldats cosaques. Je me
souviens que j'eus l'enfantillage de me retourner et
de regarder celle qui se montrait si peu aimable
pour les hommes de mon pays. Elle vit que je l'avais
entendue, n'en parut pas troublée et d'un regard,
aussi clairement que par un geste, elle me fit remarquer que mon voisin me dépassait de la tête. Celui-
ci était un officier très spirituel. Il avait tout entendu et rien perdu de notre manège, et il me dit en

riant lorsque la femme ne put plus nous entendre :

« Elle n'aime que les grands hommes, mais elle les aime de tout son cœur et leur en donne volontiers la preuve. Cela désole son mari; mais il est beaucoup plus petit que vous, c'est peut-être pour cela qu'il n'a jamais compté pour elle ! »

La fête se termina par un repas auquel j'étais heureux de voir assister les femmes; les repas entre hommes en Russie sont terribles, on y fait d'effroyables mélanges, et les invités sont grisés par leur hôte, qui d'ailleurs leur donne toujours joyeusement l'exemple. Bien souvent en Sibérie, surtout, quand on m'invitait, j'insistais pour que les invités ne vinssent pas sans leurs femmes.

« Vous savez, disai-je, nous autres Français, nous ne nous amusons que quand il y a des femmes. »

On m'écoutait avec un gros rire ! Oui, c'était bien là le vrai Français ! Toujours besoin de sentir des jupons auprès de lui ! Tous les mêmes ! Et on invitait les femmes pour me faire plaisir; de cette façon, on se tenait un peu, et on ne pouvait pas me griser de force. Les femmes cosaques d'ailleurs ne craignent pas l'eau-de-vie. Longtemps j'ai déclaré que je ne buvais pas, mais on me regardait alors avec mépris. Il était plus facile de refuser que de boire peu; et en Russie, on finit toujours une bouteille aussitôt qu'elle est entamée.

« Un Français qui ne boit pas, me disait un jour un pope, qui buvait, lui, et beaucoup, un Français qui ne boit pas, ce n'est qu'un mauvais Français ! »

A vrai dire le mépris du gros pope me laissait très froid et je fus beaucoup plus froissé d'entendre dire un jour par une femme cosaque : « Comment il ne boit pas d'eau-de-vie, mais ce n'est pas un homme alors ! »

Ce sont là des choses blessantes à entendre n'est-il pas vrai? C'est pourquoi je m'avisai d'un excellent subterfuge. J'avais remarqué que certains Russes cessent de boire pendant quelque temps, sur l'ordre de leur médecin; pendant un an, deux ans, ils s'arrêtent et se soignent. Quand on m'offrait à boire, je laissais entendre que j'avais beaucoup trop bu jadis, et qu'il fallait maintenant me reposer; on n'insistait pas et au lieu de me mépriser, on m'admirait presque.

« Oh ! ce monsieur, pensait-on, il a tant bu, qu'il a du s'arrêter : il est dans l'année où il se repose ! »

Je ne pus éviter de boire quelques petits verres pendant le souper cosaque. Dehors, les soldats chantaient et dansaient : nous en fîmes venir quelques-uns qui nous firent applaudir leurs danses nationales et surtout la fameuse danse, appelée Kazat-chok, dont les figures sont toutes amusantes, mais quelquefois très inconvenantes.

Au moment où nous allions partir, un officier s'écria :

« Voici une bouteille de cognac français, une des rares qui nous restent ! »

Félix Faure en effet pour sa venue en Russie avait envoyé à l'armée cosaque des tonneaux de fine champagne ; les transports ne se font pas toujours bien en Russie, puisqu'à Saratov la plupart des tonneaux disparurent, et nul n'a jamais su ce qu'ils étaient devenus. Un second envoi eut un sort plus heureux et parvint à destination. La bouteille que l'officier cosaque me montrait était donc un présent de Félix Faure.

« C'était un bien bel homme, déclara, alors à très haute voix, la femme qui n'aimait pas les petits hommes.

— Laissez-moi parler, je vous en prie, dit l'officier, et taisez-vous tous ! Voici donc une bouteille du cognac Félix Faure, et voici d'une part, une autre bouteille de champagne russe récolté en Crimée. Je verse dans ce saladier le champagne russe et le cognac français, je remue avec une cuillère : maintenant l'alliance est faite. Vive la France et vive la Russie ! Buvons ! »

Chacun applaudit et, entendant nos cris, le chef de la musique fit jouer *la Marseillaise* pour la vingtième fois au moins. D'ailleurs, c'était très simple, chaque fois qu'un officier voulait boire, il criait par la fenêtre.

« *L'hymne russe !* » ou bien « *la Marseillaise !* »

Et lorsque la musique jouait l'air demandé, l'officier faisait remarquer qu'on ne pouvait laisser passer un hymne national, sans le saluer d'un verre d'eau-de-vie ou d'une coupe de champagne. C'était aussitôt fait que dit.

Chacun de nous, hommes ou femmes, dut boire sa part du saladier : je ne peux pas dire que c'était mauvais, mais je peux affirmer que c'était plutôt « carabiné ». Le vieux Cosaque à barbe blanche dont j'ai parlé fit honneur au mélange : il était devenu très gai et racontait des anecdotes telles qu'on en dit dans les casernes. Il m'avait pris en amitié, et me jurait en m'embrassant une affection éternelle, il me tutoyait !

« Voyons, lui dis-je en riant, vous qui trouvez que le présent ne vaut pas le passé et que les gens d'aujourd'hui ont dégénéré, me direz-vous la même chose du vin ?

— Non, s'écria le vieillard, le vin, c'est la seule chose qui reste toujours jeune, et qui me console de tout ce que je vois. Mais vois-tu, mon petit père, je te l'ai déjà dit, les jeunes gens d'aujourd'hui ne valent pas ceux de mon temps. Aujourd'hui les Cosaques sont braves, de mon temps ils étaient des héros ; ils sont aujourd'hui robustes comme des taureaux, ils étaient autrefois plus forts que des lions. Aujourd'hui, — continua le vieux soldat en riant — les Cosaques font souvent un enfant à leur femme, de mon temps on ne faisait que des jumeaux, enfin, regarde-moi et regarde-les tous ici, aujourd'hui ils ne savent plus se saoûler comme de mon temps. »

Et le vieux héros, soulevant le saladier, but à même tout le liquide qui y restait, et gravement ouvrit la porte et sortit, le front haut et la jambe sûre, faisant admirablement honneur à la boisson.

CHAPITRE IX

UN VOYAGE EN PAYS COSAQUE
D'ILEK A LA MER CASPIENNE. — VIE ET MŒURS
DES HABITANTS

Depuis la petite ville d'Ilek, chef-lieu de district, situé près de l'Oural non loin de la frontière qui sépare le territoire cosaque du gouvernement d'Orenbourg, jusqu'à Ouralsk, l'agriculture est l'occupation principale des habitants. Dans toute cette partie de la province, le sol est d'ailleurs particulièrement fertile et les villages nombreux sont tous assez riches et prospères. Chose rare en Russie, la plupart des maisons, toutes blanches, bâties en pierres ou en bois, sont très proprement tenues.

La route postale qui, sans côtoyer le fleuve, se trouve pourtant toujours non loin de lui, suit presque en ligne droite la direction du nord au sud, elle est bonne, mais poussiéreuse, et plusieurs fois, il faut traverser des sables où les roues des voitures entrent profondément et où les chevaux sont forcés d'aller au pas. Les champs cultivés sont nombreux autour des villages; on récolte du blé, de l'avoine, du seigle, du millet, des tournesols, des melons et des pastèques ; les arbres sont rares, mais, grâce à des travaux d'irrigation assez ingénieusement, quoique primitivement entrepris, de grands saules, des bou-

leaux ou des peupliers, égaient parfois le paysage
et abritent les maisons du village contre les vents
du nord-ouest.

Je m'arrêtai dans les relais de poste qui ressemblaient en plus propre à ceux des provinces de
Kazan et d'Oufa. La présence du soldat qui m'accompagnait imposait le respect, mais on me
demandait parfois quel rang j'occupais dans mon
pays.

Dans un relais, j'entendis le soir, mon guide qui
expliquait à un autre Cosaque l'opinion qu'il avait
de moi.

« En somme, disait-il, ce Francais est un brave
homme qui me donne du tabac et qui, de temps à
autre, me paie un verre d'eau-de-vie ; mais ce n'est
pas un vrai général, ça ne doit être qu'un général
civil : il ne porte pas d'uniforme, ne se grise pas et
ne me dit jamais de gros mots ! »

Et le Cosaque qui l'écoutait approuvait mon guide.
Le soir de mon arrivée, j'avais fait connaissance de
de mon hôte et de sa femme, une grande et grosse
paysanne, très blonde, encore jeune et fraîche :
j'avais trouvé cette dernière en pleurs. Je lui avais
demandé la cause de son chagrin, son mari lui fit
un signe et elle sortit sans rien dire. Le lendemain,
au moment de mon départ, les deux époux très
aimables me mirent en voiture ; la femme était très
gaie et je ne pus m'empêcher de lui dire que je la
trouvais beaucoup mieux que la veille. Mon guide
s'éclata de rire et s'écria : « Notre hôte, hier, quand
nous sommes arrivés, venait de battre sa femme,
voilà pourquoi elle pleurait ! »

Je m'empressai de faire de la morale au Cosaque,
qui me répondit gaiement :

« Ma femme est à moi, et notre pope, qui frappe

Fig. 12. — Femme cosaque en costume national.

plus fort que moi sur la sienne, prétend que lorsqu'on bat une femme, ça l'empêche d'être malade.
On n'en est d'ailleurs pas moins bons amis, n'est-
ce pas, Macha ! »

Il posa sa lourde main sur l'épaule de sa femme,

qui se mit à rire en le regardant très aimablement. Ils
avaient l'air en effet d'être de très bons amis. Macha
me rappelait une autre femme cosaque de ma connaissance : qui était restée seule à son village lorsque
son mari servait à la ville chez un général. Celui-ci
prit la femme pour bonne et les deux époux se trou-
vèrent réunis. Un jour — j'étais là — nous la trouvâmes en pleurs : elle voulait qu'on la laissât retourner au village, parce que son mari, disait-elle, ne
l'aimait plus : « Je lui suis devenue indifférente,
répétait-elle en pleurant, voilà un mois que nous
vivons de nouveau ensemble et il ne m'a pas encore
battue ! »

Tout le pays cosaque s'administre lui-même, et
jouit d'un régime unique en Russie : dans la province,
les eaux et les terres sont la propriété exclusive,
commune et indivisible de l'armée. Le communisme
qui longtemps était absolu, a reçu pourtant une
atteinte puisque les officiers dont la part de travail
peut être faite aujourd'hui par des salariés, ont droit
dans le partage des récoltes à une portion plus importante que les soldats.

Au moment du labourage qui a toujours lieu pour
tous aux mêmes jours fixés par le général en chef,
les officiers seuls ont le droit de travailler avec
deux charrues. On peut labourer presque partout,
mais il y a cependant des places qu'il est interdit de
cultiver, ce sont les prairies, les abords des sources,
des puits et des étangs, et les champs, qu'une décision officielle a réservés exclusivement à la culture
des melons, des concombres et des pastèques. Une
ordonnance fixe aussi le nombre d'hectares que

chaque Cosaque a le droit d'ensemencer : un enfant mineur de dix-sept à dix-neuf ans peut labourer jusqu'à dix dessiatines de terrain, c'est-à-dire un peu plus de dix hectares, un Cosaque majeur vingt dessiatines, un officier subalterne cinquante, un officier supérieur, soixante-quinze. Il est établi en outre qu'une famille ne doit jamais labourer à elle seule plus de deux cent dix dessiatines de terre. Par contre, une veuve dont le mari est en service actif dans une des villes de l'empire, ou bien un orphelin ont tous deux les droits qu'auraient eus, s'ils étaient vivants ou présents, le père mort ou le mari absent.

Depuis quelques années plusieurs cultures se sont rapidement développées et on a traité les terres de façon plus rationnelle et plus scientifique. On a amélioré surtout le blé, l'avoine, le seigle et le millet. On s'est préoccupé de la question si grave de la famine ; des dépôts de blé privés n'existent pas encore chez les Cosaques, c'est l'administration de l'armée qui est chargée de ce soin et qui fait la nécessité dans les jours difficiles. Les récoltes ne sont pas toujours suffisantes pour nourrir l'armée tout entière ; à des hivers trop durs, succèdent quelquefois des printemps désastreux.

Pour rendre plus florissante l'agriculture, on a fondé récemment à Ouralsk une école agricole de première classe près de laquelle est une ferme modèle dont le principal but est de donner des reproducteurs pour développer rationnellement les troupeaux. Les Cosaques possèdent des bestiaux, mais c'est surtout dans la partie méridionale de la province que l'élevage est le plus florissant. Le métier de berger est un peu méprisé par les Cosaques, qui se vantent d'être avant tout des soldats. Ils confient leurs troupeaux aux demi-sauvages qui les entourent, à des Kalmouks venus du gouvernement voisin d'Astrakhan ou à des Kirghizes de la steppe qui s'étend sur la rive gauche de l'Oural. Kalmouks ou Kirghizes, tous les nomades ont le saint effroi des Cosaques : ceux ci ont toujours l'habitude de traiter leurs voisins en vaincus et le pays où ils se trouvent, quel qu'il soit, en pays conquis. Un Kirghize me disait un jour naïvement.

« Oh, moi, je ne suis pas poltron, je n'ai pas peur des Cosaques, seulement quand j'en aperçois un sur une route, je m'empresse de me sauver ! »

On est brave comme on peut !

Malgré les bons soins des bergers, les troupeaux des Cosaques ne sont pas toujours bien portants ; les hivers trop froids et les étés trop secs sont fréquents dans la province, et partant, pendant les deux saisons, la neige ou la pluie sont rares. Le moment le plus terrible à passer pour le bétail est souvent du 15 mars au 15 avril : à cette époque en effet, la neige fond rapidement et tout à coup un froid inattendu et très vif couvre la terre d'un verglas que les chevaux eux-mêmes ne peuvent pas casser : les bêtes meurent de faim. Le mouton qu'on trouve chez les Cosaques appartient à la race dite « Kourdiouk, remarquable par le développement excessif du tissu adipeux de sa queue qui donne huit à douze kilogrammes de graisse, d'excellente qualité d'ailleurs. Cette graisse repasse dans l'organisme de la bête pendant la dure saison de l'hiver et au printemps, après les jours de famine,

les bosses du chameau sont flasques et les queues
des moutons au lieu d'être de grosses boules de
graisse bien dures et bien pleines, ne ressemblent
plus qu'à des outres vidées.

Des règles analogues à celles qui sont édictées
pour le labourage sont en vigueur pour le fauchage :
chaque Cosaque a le droit de faucher et même de
louer un ouvrier pour l'aider dans sa tâche au jour
fixé par l'atamane. Grâce aux efforts de l'administration, des dépôts de foin ont été établis dans les
quatre centres les plus importants du pays à Ouralsk,
à Temir, à Gouriev et à Kalmykov. C'est là une précaution excellente, car les Cosaques ressemblent à
tous les Russes ; ils ne songent guère au lendemain.
Pendant les beaux jours de l'été, ils n'aiment pas
prévoir les souffrances qu'ils auront peut-être à
subir pendant les mois d'hiver. En outre, lorsqu'un
Cosaque ou un Russe en général sent un peu d'argent
dans sa poche, il ne peut résister au plaisir de le
dépenser joyeusement et avec des amis. C'est un
trait de caractère que l'on trouve en Russie chez le
le plus grand comme chez le plus petit ; on n'attache
pas à l'argent la même importance que chez nous,
on en jouit davantage peut-être quand on en a, et on
s'en prive plus facilement dans les jours difficiles.
On est plus large en Russie qu'en France, mais en
France on est incomparablement plus économe :
l'épargne n'est pas une qualité russe.

Les Cosaques s'occupent assez volontiers de jardinage, ils aiment les fleurs, et placent, sur l'entable-
ment de leurs fenêtres, des rosiers et des géra-
niums. Ils ont créé des potagers assez importants,

où ils cultivent quelques plantes oléagineuses comme le lin : le lin est, on le sait, une des grandes richesses de la Russie et chaque année, des achats considérables sont faits par les représentants des grandes filatures de Lille, de Roubaix, d'Armentières et de Tourcoing. Les Cosaques cultivent encore la pomme de terre si utile aux paysans russes, et qui réussit presque toujours dans les terres de l'empire même dans les vallées de Sakhaline, et le tabac qui pousse, en petite quantité dans des terres bien fumées et travaillées en plates-bandes. Le tabac à fumer est faiblement arrosé et les feuilles restent assez longtemps à fermenter dans des fosses couvertes d'un tapis ou d'un tissu de laine. On fait aussi un peu de tabac à priser : celui-là au contraire est fortement arrosé ; les tiges sont coupées avec les feuilles et sèche pendant quelque temps à l'ombre; on arrache ensuite les feuilles et on les transforme en poudre au moyen d'un pilon. C'est cette sorte de tabac qui trouve le plus d'amateurs chez les nomades, il est vrai, qu'au lieu de le priser, ils le mettent sous la joue et le chiquent avec volupté.

La culture des jardins où poussent des pommes de terre, des oignons, des carottes, des concombres, des tournesols, des melons et des pastèques a très bien réussi et s'est vite répandue chez les Cosaques en général et en particulier chez les Cosaques de l'Oural. A l'époque de l'émancipation des serfs, il n'y avait dans toute la province que trente jardins, tandis qu'on en peut compter aujourd'hui environ 600, qui couvrent une surface évaluée à 1.800 hectares.

Au sud de l'Ouralsk, les occupations des habitants

changent complètement : le grand barrage de l'Oural dont j'ai déjà parlé et que je décrirai plus loin est
la limite qui sépare la région agricole de la région
des grandes pêches : les Cosaques ne s'occupent
plus alors d'agriculture : l'élevage et la pêche sont
alors les deux richesses des habitants. Le profit
que les Cosaques tirent de la chasse ne saurait être
comparé à ce que leur rapporte la pêche : la pêche,
dans la province, fait vivre toutes les familles et
en enrichit un certain nombre ; la chasse qui se pratique du nord au sud et de l'est à l'ouest partout
dans la province, n'est qu'un amusement pour
tout le monde et n'enrichit que quelques chasseurs
qui poursuivent les bêtes à fourrures. Le gibier est
incroyablement nombreux, on peut chasser le cygne,
l'oie et le canard sauvage, la perdrix, la gélinotte,
la caille et le coq de bruyère, les gros oiseaux
comme l'aigle, le milan, le vautour et le faucon, et
parmi les mammifères, le loup, le renard, le blai-
reau, le putois, la fouine et le lièvre.

D'Ouralsk à Gouriev, port situé à l'embouchure
du fleuve Oural, la route postale est beaucoup
moins bonne que dans le nord : elle traverse la
steppe aride et désolée ; le long de la route sur les
poteaux télégraphiques se tiennent assoupis des
aigles et des vautours. On ne voit plus les jolies
maisons de pierres et de bois de la région agricole,
les villages sont presque entièrement bâties en terre
glaise, mais sont encore proprement tenues. Sauf
le Tchégane qui se jette à Ouralsk, le fleuve ne
reçoit sur sa rive droite entre Ouralsk et la mer que
deux insignifiants ruisseaux. Quelques autres sans

importance se perdent dans les sables, stagnants, desséchés, il n'est pourtant pas douteux que des travaux d'irrigation rationnellement entrepris rendraient la vie à ce désert.

Les villages les plus importants comme Kalmykov, qui est le siège d'un chef de district ne sont que de petits hameaux. Je ne puis me rappeler sans rire ma visite à l'excellent chef de district qui ne comprit rien à ce que je lui disais et qui ne répondit à mes questions qu'à tort à travers, me déclarant à la fois qu'il ne me comprenait pas. Je le quittai désolé et je me répétais que, malgré mes efforts et mes peines, je n'arriverais jamais à connaître la langue russe, lorsque j'entendis le chef de district qui disait à sa femme :

« Les Français se figurent toujours que tout le monde doit comprendre leur langue. Et celui-là est bien fait comme les autres ! »

Furieux, je lui criai en russe :

« Vous n'avez pourtant pas l'air de vouloir comprendre. »

Le chef de district, étonné, me dit :

— Tiens, vous parlez russe ; mais pourquoi m'avez-vous tout à l'heure et si longuement raconté vos affaires en français ! »

Je compris à mon tour, le brave homme était sourd, et pour qu'il entendît, il fallait crier. Je lui avais expliqué mon affaire en langue russe, mais sur le ton de la conversation ; n'entendant rien, il avait supposé que je lui parlais français : je me mis à crier, j'eus mal à la gorge, mais il me comprit enfin, et nous devînmes de bons amis. Il me fit visiter la prison dans laquelle étaient quelques Kirghizes, et qui ressemblait un peu à une étable à cochons, la mosquée très peu intéressante, et il m'emmena promener sur les bords du fleuve. L'Oural à Kalmikov n'est pas plus large qu'à Ouralsk. La rive gauche est plate, et la rive droite escarpée : celle-ci est faite de petites falaises de glaise qui se désagrègent peu à peu et que le fleuve entraîne avec lui.

Après Kalmykov, on m'avait donné le conseil de m'arrêter à Koulaguine chez une riche du nom de Saga. Les Kalmouks sont des Mongols qui vivent aujourd'hui dans le gouvernement d'Astrakhan et qui ont gardé la religion de Bouddah telle qu'on la pratique au Thibet, en Mongolie et en Transbaïkalie, sous le nom de croyance jaune. Au xive siècle, un moine nommé Dzonkhava, dont la venue avait été annoncée par les livres saints et qui était une incarnation de Bouddha, entreprit de réformer, de renover la religion, de lui rendre sa pureté primitive et de lui donner une hiérarchie et une discipline. Ce fut lui qui institua ces grands monastères où les enfants étudient aujourd'hui auprès des moines les plus vénérés les langues thibétaine et mongole, et les mystères de la religion. En Asie Russe, près du lac Baïkal, j'ai visité d'admirables monastères, pleins d'objets précieux et de dieux d'or et d'argent ; les monastères des Kalmouks sont misérables en comparaison des grandes lamaseries de Sibérie orientale, et les lamas Kalmouks ne savent pas comme les confrères d'Asie se draper dans de grandes robes jaunes et s'entourer les bras et les épaules dans de longues écharpes de pourpre. Quelques Kalmouks qui habitent comme Saga le pays de l'Oural sont devenus des Cosaques ; ils ont été convertis de gré ou de force à la religion orthodoxe, leurs frères qui sont restés dans la province d'Astrakhan ne sont pas soldats et vivent la plupart misérablement d'élevage. Les coutumes des Kalmouks rappellent celles de tous les peuples primitifs de l'Asie : les parents fiancent leurs enfants parfois au berceau, le mariage a lieu dès que le garçon est pubère et la fille nubile : une dot est payée par le gendre au beau-père, elle consiste en chevaux, en moutons et ustensiles de ménage, quelquefois même simplement en journées de travail. La religion bouddhique n'est pas pratiquée dans toute sa pureté, et les nomades ont gardé le culte des esprits et certaines superstitions païennes.

La maison de Saga était confortable, semblable à celle des Cosaques, mais le Kalmouk, quand je vins lui demander l'hospitalité, ne l'habitait pas ; il vivait à la façon de ses pères sous une tente de nomade, mais comme il était, lui, sédentaire, il avait dressé sa tente dans sa cour. Tous les personnages officiels qui passaient par Koulaguine étaient tour à tour ses hôtes, et il m'accueillit avec une bonne grâce charmante. Il fit tuer devant moi un mouton et prépara un excellent plat de kavardak et du pilaf au riz, à la mode du Turkestan. Le kavardak est composé de noix de côtelettes de mouton, coupées en petits morceaux et que l'on fait sauter dans une poêle. Le pilaf du Turkestan comprend, outre du riz et du mouton, un coing, quelques carottes coupées très fin, des raisins secs et des abricots sauvages : c'est là un mets exquis.

Toute la soirée, Saga me parla surtout de son fils, qui était officier dans l'armée cosaque, et des pêches d'automne auxquelles je pourrais assister quelques jours plus tard. Le lendemain, il me mit en voiture et me remercia de lui avoir demandé l'hospitalité. Je dépassai sur la route un autre Kalmouk à cheval qui vint aussitôt me saluer.

« Bonjour, Sultan, me dit-il ? Saga t'a-t-il fait bon accueil ? »

Je répondis affirmativement, étonné d'être salué du titre dont le Kalmouk me gratifiait.

« C'est un brave homme que Saga, bien qu'il ait renié les croyances de ses pères. Je lui avais annoncé ta venue. Je lui avais dit que le sultan français lui rendrait visite hier.

— Comment le savais-tu toi-même ? »

Je crus me rappeler alors que j'avais vu sortir deux jours avant mon interlocuteur de la maison que j'habitais à Kalmykov : il ne savait pas que je l'avais reconnu.

« J'avais lu avant-hier ta venue dans les étoiles ; Bouddha me l'avait annoncée ! »

Je ne pus que féliciter le prêtre de Bouddah — car c'en était un,— de ses excellentes relations. Je lui demandai alors en riant si à mon tour je ne pourrais pas avoir, quelque impie que je fus, une conversation avec la divinité, tout en lisant à mon tour, les secrets de l'avenir dans les étoiles.

Le ton que j'avais pris déplut au Kalmouk, car il frappa son cheval du talon, puis le fit galoper sur la route ; au bout de quelques instants, il arrêta son cheval et m'attendit.

« Cherche Bouddah, et tu le trouveras, me dit-il. L'homme ne peut savoir ce que l'avenir lui tient en réserve, Dieu se montrera peut-être à toi un jour. Adieu. »

Et, avec un grand geste, il lança son cheval au galop et je ne le revis plus. Il était certainement un peu prophète, et je ne me doutais pas alors, que le hasard des voyages me conduirait deux ans plus tard dans les monastères bouddhiques de Sibérie et que, privilégié, je vivrais alors dans l'intimité d'une incarnation vénérée de Bouddah, et par conséquent en tête-à-tête avec la divinité.

Entre Koulaguine et Gouriev mon seul arrêt fut chez un héros célèbre qui lutta au Turkestan contre plusieurs centaines de Turkmènes. La compagnie dont il faisait partie comprenait cent trente hommes : trente et un seulement survécurent : quinze sont vivants aujourd'hui.

La ville de Gouriev construite non loin du rivage de la mer Caspienne, sur la rive gauche de l'Oural et non loin de son embouchure, est le port du pays cosaque elle est riche et prospère, car elle fait un très important commerce de poissons ; ceux-ci sont, les uns conservés dans de grands viviers établis sur les bords du fleuve, les autres enfermés dans d'immenses glacières, d'autres enfin exposés au soleil qui les sèche sur le port même. Ces derniers sont des oblats, des harengs, les autres des esturgeons, des carpes, des soudaks dont je reparlerai plus au long en faisant le récit de la pêche fluviale. Les esturgeons

vivent tantôt dans la mer, tantôt dans le fleuve ; les
harengs sont exclusivement des poissons de mer.
Dès que les harengs sont apportés par les pêcheurs,
on les met dans la saumure, il est bon de mêler
quelques morceaux de glace à la saumure, ou si l'on
n'en a pas, de tenir les harengs à l'ombre ou même de
les mettre en terre. On les laisse dans la saumure
pendant douze heures environ ; lorsqu'on les en
retire, on les place par rang dans un tonneau, sépa-
rant chaque rangée de poissons par une épaisse
couche de sel. Si le hareng est gros, il faut le laisser
jusqu'à dix et douze jours dans le sel. On met
ensuite les harengs dans un autre tonneau en les y
pressant : ordinairement 250 à 300 poissons dans
chaque. On bouche les ouvertures, on ferme hermétiquement les tonneaux que l'on place sur de la
glace. C'est ainsi que du moins je vis préparer les
harengs dans le port de Gouriev. Les autres poissons
qui sont jetés dans les glacières n'en sortent qu'à
l'époque des carêmes, si longs en Russie ; pendant lesquels la plus grande partie des Russes
se nourrissent presque exclusivement de poissons.

Le colonel qui commandait le détachement de
Gouriev tint à me mener partout dans la ville qui
était assez jolie ; elle était séduisante, vue des jardins de la rive gauche qui sont plantés de très beaux
arbres et où l'on cultive du raisin. Il me fit visiter
les écoles : l'école kirghize où quelques enfants
russes étudiaient au milieu d'indigènes, était un
grand bâtiment assez bien entretenu. On me pria
d'interroger les élèves qui, très intimidés, ne me

répondirent pas ; ils avaient sans doute oublié le peu qu'ils savaient pendant les vacances. Les plus petits étaient pleins d'ardeur. Le maître leur fit lire une phrase :

« Vania a volé une montre, dit-il, eh bien répondez. Qui a volé une montre ? Qu'est-ce que Vania a volé ? Qu'a fait Vania ? »

Les questions se succédaient et les mains des élèves désireux de répondre se levaient tour à tour.

« A mon tour d'interroger, dis-je au maître. Qui est-ce qui aime les bonbons ? »

Ma question fit baisser les têtes des Kirghizes et nul n'osa répondre : je renouvelai ma question, et timidement un tout petit leva la main ; je lui donnai quelques friandises, et quand pour la troisième fois je posai ma question, toutes les mains se levèrent avec enthousiasme !

Je n'eus pas besoin de demander deux fois aux enfants de l'école cosaque s'ils aimaient les bonbons, garçons et filles répondirent, d'une seule voix de la façon la plus affirmative.

« Voyez, me dit le colonel, ils n'ont pas peur, ceux-là ! »

Filles et garçons étaient entassés dans de petites chambres ; je les interrogeai, ils n'étaient pas très forts, sauf en gymnastique.

« Gardez quelques bonbons, ne donnez pas tout, me dit le colonel ! »

Et il ajoutait :

« Vous allez voir quels poumons ils ont ; enfants, il y a encore des bonbons, pour ceux d'entre vous qui pourront crier le plus fort ! »

Alors ce fut un horrible vacarme, le colonel était
charmé et répétait :

« Ah les gaillards, les gaillards ! »

Et il se mit à crier avec eux. Quand ils furent tous
enroués, je quittai l'école avec le colonel, que je
félicitai chaleureusement des talents de la jeune
génération cosaque.

La visite à l'école des métiers fut, elle aussi, très
intéressante ; là, du moins, on semblait travailler
sérieusement.

Le colonel me proposa ensuite d'aller au club où
des soldats m'attendaient en grand uniforme pour
danser devant moi leurs danses de régiment. Trois
femmes d'officiers avaient pour la circonstance
endossé le grand costume des femmes cosaques pour
que je les photographie. L'une d'elles était tout à
fait charmante sous le grand sarafane national fait
d'étoffe claire et brochée.

Après avoir visité les pays de la rive droite de
l'Oural, je fis quelques excursions sur la rive kirghize.
On n'y trouve pas un seul affluent sur une distance
de six cents kilomètres. Des ruisseaux stagnants se
perdent dans les sables ou dans les lacs salés à
demi desséchés. C'est l'immense steppe couverte
partout des mêmes herbes et des mêmes mousses,
et qui s'étend depuis le fleuve Oural jusqu'à l'Irty-
che à l'est et jusqu'aux monts Célestes au sud sur
un espace de 1.850.000 kilomètres carrés. Seules
les frontières de la steppe sont arrosées par de
grandes rivières, près desquelles on trouve quelques forêts. En général, la flore de toute la région
n'est pas très variée : le climat est très dur : cha-

leurs excessives en été, rigueur en hiver, et en toute saison absence d'humidité. Les terres cosaques forment presque partout la frontière de la steppe kirghize.

Les Kirghizes, peuple turco-tatar, de religion musulmane qui habitent la région, y vivent nomades. Ils passent l'hiver dans des huttes en partie creusées dans la terre, et faites d'un horrible mélange de terre glaise, d'herbes et de crottes de chameaux desséchées. Ils habitent l'hiver dans les régions les plus basses et les mieux abritées, où le bétail trouve en écartant la neige, une herbe maigre mais suffisante sinon pour le nourrir, du moins pour l'empêcher de mourir de faim. Chaque village se déplace après la fonte des neiges et fait dans la steppe un grand voyage circulaire, allant de puits en puits et de plaine en plaine à la suite du troupeau, de la maison d'hiver à la maison d'hiver. Le droit de jouir de certains lieux d'hivernage ou de certains pâturages, d'abreuver les troupeaux auprès de certains puits et d'y construire sa tente, est rigoureusement fixé par la coutume kirghize, c'est donc presque insensiblement le même voyage que fait une même famille, de générations en générations. Peuples d'éleveurs et de conducteurs de troupeaux, ils consacrent tous leurs soins à leurs bêtes qui sont, en quelque sorte, la raison même de leur existence. Ils ont les défauts ordinaires des traces primitives et des peuples musulmans, mais ils en ont aussi les très grandes qualités. Ils sont avant tout accueillants et hospitaliers, le voyageur qui franchit leur porte leur devient sacré. L'hospitalité qu'on lui donne est un

droit qu'on lui reconnaît, l'hôte est l'envoyé de
Dieu, et c'est souvent de ce nom qu'on l'appelle. J'ai
longtemps vécu nomade parmi les Kirghizes et j'ai
été bien souvent l'envoyé de Dieu, tout en restant
aussi celui du ministère de l'Instruction publique.

Dans la partie de la steppe qui borde l'Oural, on
peut voyager pendant des journées entières sans
rencontrer âme qui vive. Le paysage observé est
toujours le même et il semble que le tarantas
n'avance pas. Il y a pourtant une école kirghize solitaire dans la steppe semblable à celle que j'ai déjà
décrite. Quelquefois pourtant on aperçoit des cavaliers, ou des tentes formant le campement tempo-
raire d'un village de nomades.

Il y a sur la rive gauche de l'Oural deux grands
lacs, le lac Tckarkhal et le lac Indière. Le premier
est un lac d'eau douce situé à 90 kilomètres au sud
d'Ouralsk. Il eut jadis 50 kilomètres de circonfé-
rence, mais il se dessèche peu à peu, car il ne
reçoit plus comme alors les eaux du fleuve Oural ; il
est alimenté par deux sources, sortes de puits très
profonds et toujours bouillonnants. Le lac est très
poissonneux ; les Cosaques y viennent pêcher chaque
année avec d'immenses filets qui leur permettent de
fouiller les endroits même les plus profonds. Les
dépenses de la pêche sont payées par les com-
munes y participant ; au printemps, on exige que
chaque équipe soit composée de dix à quatorze
hommes ayant chacun 100 mètres de filet. La pêche
a lieu au printemps au moment de la pêche sur
l'Oural qui lui fait d'ailleurs grand tort et en hiver
au mois de décembre. Les Cosaques arrivent alors en

caravane avec tout un matériel de campement, des
provisions pour eux et du foin pour leurs chevaux.
Les Kirghizes sont toujours prêts à leur vendre
d'ailleurs ce qui leur manque. On emploie les
nomades comme ouvriers, ceux-ci sont en effet chargés d'un travail très dur ; ce sont eux qui font les
trous dans la glace et qui écartent les gros glaçons.
Depuis quelque temps, la quantité de poissons
captivés décroît chaque année : ce sont surtout des
carpes, des soudaks, des brochets, des perches et
des carassins. Les nomades peuvent sans payer
pêcher au filet sur les bords du lac et à l'embouchure des petites rivières qui y tombent.

Le lac Indière qui est situé beaucoup plus au sud
que le lac de Tcharkhal est salé, des pêches n'ont
pu y être organisées ; on y extrait du sel. J'ai visité
la source principale qui sort d'un souterrain profond,
elle est très salée et chaude, une odeur de soufre
remplit le souterrain ; je ne sais si c'est ce mélange
sulfureux qui donne au lit du ruisseau la couleur de
rouille qui en couvre le fond. Dans le lac, on trouve
une boue profonde, salée elle aussi, qui tache fortement le cuir des souliers et sur les bords, du sable
très fin et parsemé de grains cristallins, très menus
qui brillent au soleil comme des paillettes d'argent.
Au loin, une ligne blanche s'avançait sur le lac,
c'étaient de grands cygnes sauvages qui s'enlevè-
rent tout à coup d'un essor puissant ; à chaque pas
devant moi, des canards et des bécasses s'en-
fuyaient ; le menu gibier était très nombreux et
les grands aigles qui leur donnaient constamment
la chasse, planaient dans le ciel les ailes étendues.

Tout à coup derrière un talus, j'aperçus une fumée épaisse et bientôt je me trouvai en présence des Kirghizes en train de déjeuner.

Les Kirghizes se levèrent un peu surpris par notre arrivée, j'étais accompagné d'un soldat et de mon cocher. Les nomades avaient jeté un tapis de feutre sur des bâtons placés en faisceau et formé ainsi un abri contre le soleil ; un fusil était placé à terre et devant eux l'oie sauvage qu'ils avaient tuée et fait rôtir, était déjà entamée ; il y avait là un homme jeune encore, très proprement habillé, et qui portait un manteau en soie bigarrée de Boukhara, son fils et quelques serviteurs. Il serra la main de mon cocher et nous expliqua qu'il conduisait son fils à l'école kirghize où il désirait le mettre pensionnaire. Le fils, un gamin de quatorze ans, écoutait sans enthousiasme ce que nous disait son père. Le soldat cosaque qui parlait la langue kirghize expliqua qui j'étais, et sans mot dire, le Kirghize coupa un morceau d'oie sauvage, en mangea la moitié et m'offrit ensuite le reste.

« Tu habites le pays où le soleil se couche ? dit-il en me montrant à l'ouest l'horizon. »

Je répondis quelques mots de politesse en langue kirghize pour expliquer à mon nouvel ami combien j'étais heureux de faire connaissance. Nous nous assîmes auprès de lui et partageâmes son repas ; le repas achevé, mon soldat et le cocher lui demandèrent de leur prêter son fusil, qu'ils voulaient essayer sur les canards du lac. Lorsqu'ils se furent éloignés, le nomade s'approcha de moi et me dit en langue russe :

« Qu'est-ce que tu penses de l'école kirghize ?

— Je pense que ton fils peut y apprendre beaucoup de choses qui lui seront utiles par la suite.

— Oui, dit le Kirghize, mais cela n'est pas l'essentiel. Il pourra recevoir ensuite une place dans l'administration russe ; là, on s'enrichit vite et l'on a le droit de prendre chez les autres autant de pots de vin que l'on veut ! Est-ce que les Russes qui sont dans ton pays ressemblent à ceux qui vivent dans le nôtre ? Ils ont toujours besoin d'argent, nous leur en donnons, et ils ne nous le rendent jamais ! »

Le nomade croyait que la puissance russe était seule au monde, et qu'elle avait partout des sujets !

CHAPITRE X

LES COSAQUES PÊCHEURS
LES TROIS GRANDES PÊCHES ET LES LOIS
QUI LES RÉGISSENT

Depuis Ouralsk jusqu'à la mer, les Cosaques sont

Fig. 13. — L'outchoug, grand barrage du fleuve Oural.

avant tout pêcheurs. On a construit, à Ouralsk même, un immense barrage, appelé l'Outchoug;

c'est une grille monumentale dont les barreaux descendent jusqu'au fond du fleuve. Les gros poissons, venus de la mer, ne peuvent remonter plus avant ; c'est donc seulement entre Ouralsk et la mer que peuvent avoir lieu les grandes pêches cosaques. Un poste de soldats veille nuit et jour sur l'Outchoug, et chaque matin, les hommes se déshabillent et quelque temps qu'il fasse, plongent jusqu'au fond du fleuve pour constater si la grille est en bon état·

Il y a pour les pêches cinq règles essentielles, et qui ne souffrent pas d'exceptions :

1° Nul ne peut pêcher s'il n'est cosaque;

2° La pêche n'est permise qu'un temps donné pour tout le monde et seulement avec des filets dont la longueur et la forme ont été indiqués auparavant par les règlements officiels de l'armée;

3° Chaque personne appartenant à l'armée a le droit de pêche partout, aux lieux et jours fixés par la loi, sauf les femmes qui ne peuvent prendre part aux pêches principales;

4° Il est défendu de transmettre, ce droit à tout autre personne;

5° On ne peut louer d'aides que sous certaines conditions établies par la loi.

Pour faire respecter ces règles et garantir leur exécution, l'administration de l'armée s'est montrée très sévère et a fixé le taux des amendes et le nombre des jours de prison. Les produits de la pêche non légale sont confisqués et vendus aux enchères, et l'argent qu'on en tire est versé dans la caisse de l'armée. Les filets, canots, objets ou instruments, qui ont servi à commettre le délit, sont

confisqués eux aussi, et deviennent la propriété de
l'armée qui en dispose désormais comme elle l'entend ; enfin les personnes qui ont découvert l'infraction faite à la loi et qui l'ont dénoncée touchent
10 p. 100 du produit de la vente du poisson et des
instruments saisis.

Le chef de l'armée, l'atamane, désigne chaque
année et pour chaque pêche un officier qui deviendra le directeur, ou pour lui donner son titre exact,
l'atamane de la pêche. Pour l'aider à surveiller les
Cosaques et à maintenir le bon ordre, les pêcheurs
choisissent parmi eux de six à douze députés ;
chaque pêcheur a d'ailleurs le droit et même le
devoir, s'il découvre une infraction ayant échappé
aux députés qui ne peuvent tout voir et tout
entendre, de la dénoncer. Pour obtenir justice, ils
s'adressent à l'atamane de la pêche, ils peuvent
même porter leurs plaintes devant la direction de
l'armée.

« La loi doit être égale pour tous, me disait un
Cosaque, pour les pauvres comme pour les riches,
pour les grands comme pour les petits. »

D'ailleurs les caprices de la fortune se manifes-
tent souvent au pays cosaque, et il suffit d'un seul
jour de pêche fructueuse pour donner à une famille
de l'aisance pour tout un hiver.

Il y a trois grandes pêches chaque année, une en
hiver, une autre au printemps, la troisième en
automne. La date et la durée de chaque grande
pêche sont fixées par des ordonnances émanant de
la direction de l'armée.

La pêche d'hiver a lieu lorsque l'Oural est couvert

de glaces. Les pêcheurs font des trous et harponnent le poisson qui vient respirer à la surface du fleuve ; le spectacle est très pittoresque, car les pêcheurs sont parfois très nombreux ; ils se rendent en masse à cette pêche qui ne dure que quelques jours et dont les heures sont fixées. Le butin est partagé en parties égales entre tous les pêcheurs. Les officiers qui ont participé personnellement au travail ont droit pour leur concours à une double part. La pêche au harpon n'est pas toujours très productive ; elle est souvent dangereuse, car les froids sont souvent excessifs, et les vents soulèvent des tourbillons terribles. On sait que parfois pendant l'hiver russe, un vent affreux appelé le chasse neige, fait tourbillonner la neige ; lorsqu'il a lieu, même pendant le jour, l'obscurité se fait aussitôt, les voyageurs risquent alors parfois d'être ensevelis sous les neiges et sont forcés de s'arrêter pour ne pas s'égarer ; dans ce dernier cas, un autre danger les menace encore, car les loups sont toujours aux aguets et apparaissent après la tempête, tout prêts a attaquer les traînaux restés en panne. L'année où j'ai visité la province de l'Oural, les Cosaques se montraient très mécontents de la pêche d'hiver, qui n'avait rapporté qu'un bénéfice dérisoire, une vingtaine de roubles par personne, c'est-à-dire moins de soixante francs. Il est vraiment triste de voir des hommes exécuter un tel travail pour en tirer un gain aussi médiocre. Beaucoup de savants spécialistes qui ne s'occupent que de la question des pêches et de celle de la pisciculture voudraient voir supprimer complètement et à jamais la pêche d'hiver. Cette idée est très combattue par une partie des soldats ; à la vérité, la majorité change souvent d'avis, et son opinion, favorable ou contraire à la suppression de la pêche d'hiver, varie selon que celle-ci a été improductive ou fructueuse.

« La pêche de printemps, me disait un jour une femme cosaque, n'est pas celle que les soldats préfèrent ; en ce qui nous concerne, nous aurions mauvaise grâce à nous plaindre, toujours une bonne fortune nous favorise, et c'est au printemps que mon mari accomplit ses plus remarquables prouesses ! »

Le mari qui nous écoutait eut un rire bruyant et avec la grande liberté de paroles qu'ont toujours les Cosaques, il interrompit sa femme et s'écria :

« Mes sept fils sont nés en janvier, vous voyez bien que, comme le dit ma femme, c'est au printemps que j'accomplis mes plus remarquables prouesses ! »

La pêche du printemps commence dès que le fleuve s'est débarrassé de tous les glaçons qui l'encombraient au moment de la débâcle ; elle dure jusqu'au 25 mai, et même lorsqu'elle n'a pas donné les résultats qu'on espérait, elle peut être prolongée jusqu'au 1er juin par une ordonnance signée de l'atamane.

Dès que la pêche du printemps est ouverte, la pêche sur la mer est permise ; celle-ci commence même parfois la première.

Je suis allé un jour avec la chaloupe à vapeur de Gouriev rejoindre les pêcheurs en mer et dès mon arrivée je vis prendre par eux un gros esturgeon, une biélouga, qui pesait quatre cents livres. Pour comble de bonheur, c'était un esturgeon femelle : les œufs avec lesquels ont fait le caviar rapportent toujours plus d'argent que la chair du poisson.

Lorsque s'ouvre la pêche sur la mer, chaque Cosaque en service actif ou en retraite, a le droit de pêcher le long du rivage jusqu'à une distance de 60 sajènes, un officier subalterne jusqu'à 90, un officier supérieur jusqu'à 120, et un général jusqu'à 240 ; on ne peut employer que le filet. Les officiers peuvent louer un à trois ouvriers.

Il existe une association, dite l'association de Kourbaïsk ; on tire au sort les places de chacun et aucun pêcheur ne peut aller travailler sur les eaux réservées à son voisin, sous peine de très sévères amendes. Six hommes sont élus pour surveiller et dresser des contraventions et ils s'acquittent de leurs fonctions sous la direction d'un officier désigné spécialement pour être l'atamane de la pêche maritime. Ce sont eux qui délivrent aux pêcheurs des permis pour transporter les poissons sur le rivage, sans ces permis, le produit de la pêche serait confisqué immédiatement après le débarquement.

Tout à fait au large, la pêche est libre et le propriétaire d'un bateau peut emmener autant d'ouvriers qu'il voudra sans qu'on puisse se permettre de lui faire une observation.

La pêche de mer finit presque toujours le 24 mai, quelquefois cependant elle est prolongée comme celle du printemps jusqu'au 1er juin. A partir de cette époque elle est sévèrement interdite jusqu'au

milieu d'août ; elle recommence alors sur les mêmes
bases et aux mêmes conditions que celle du printemps. Cette seconde période de pêche prend fin
avec la pêche d'automne appelée pêche « plaven-
naïa » du mot « plavat » qui signifie nager.

Pendant les quelques mois qui séparent la pêche

Fig. 14. — Les pêcheurs cosaques.

du printemps de celle de l'automne, toute pêche
dans l'Oural ou dans la mer est formellement interdite ; le long du fleuve, des postes de soldats sont
échelonnés pour arrêter les braconniers et même
pour éloigner les enfants, qui, par leurs jeux et par
leurs cris, pourraient effrayer les poissons, venus de
la mer pour frayer dans l'Oural. Toute navigation

est défendue sur le fleuve ; il n'est pas permis non
plus de faire descendre des troncs de bois vers la
mer, le flottage à brèche perdue si commun en
Russie, est inconnu sur l'Oural ; on n'y voit jamais
non plus de grands trains de bois tirés par un
remorqueur comme sur la Volga ou le Dniéper, sur
l'Ob ou l'Amour ; d'ailleurs, le barrage de l'Oural
rend tout flottage impossible et il n'y pas de forêts,
partant pas de bois, dans la région arrosée par le
fleuve entre Ouralsk et la mer Caspienne. Si un
Cosaque ou un voyageur désire traverser l'Oural, il
ne peut le faire qu'à l'endroit où l'armée a établi un
radeau. On ne tolère pas que le bétail aille se désal-
térer au fleuve, on empêche les gens de faire du bruit
ou d'allumer des bûchers près des endroits où le
poisson vient d'habitude déposer ses œufs. La pêche
à la ligne est cependant permise aux soldats, mais
du rivage et non en barque, devant leur village et
pendant le jour seulement. Il est vrai que les braconniers sont hardis, et j'ai connu tel officier qui
n'avait plaisir à pêcher que la nuit, il risquait en
riant une amende, qui ne pouvait manquer de le
frapper. J'ai moi-même été braconnier et en plein
jour, mais l'hospitalité qu'on me donnait comportait
évidemment le droit de pêcher. C'était à Gouriev,
nous avions de longues et fortes ficelles terminées
par un plomb et munies de deux gros hameçons
auxquels étaient accrochés des vers. On faisait
tourner le plomb en tenant la ficelle et on lançait
ainsi l'engin dans la rivière le plus loin qu'on pouvait, à dix ou trente mètres, puis après avoir
planté un petit bâton en terre, on attachait dans une

encoche et près du sol le bout de la ficelle qu'on
relevait de façon qu'elle passât sur le bout même du
bâton dans une autre petite encoche. Dès que le
poisson mordait et tirait sur le fil, le bâton vacillait
et comme les hameçons étaient très forts, on ne pouvait prendre que de gros poissons. En moins d'une
heure nous avions capturé plusieurs grosses carpes
de trente à cinquante centimètres, deux ou trois sandats de même taille, et une très grosse brème. Ce qui
m'étonnait, c'était de voir les officiers jeter le poisson dans le fleuve aussitôt qu'ils l'avaient pris au
lieu de le donner aux gens qui nous entouraient.

« Les Cosaques adorent la pêche, me dit un officier, pourquoi leur donnerions-nous les poissons que
nous venons de prendre? Chacun d'eux a sa ligne, et
en moins de cinq minutes, il peut avoir un poisson
plus beau que tous ceux que nous avons pris. »

Un autre jour, dans un village, j'aperçus sur le
bord un vieux Cosaque qui pêchait; près de lui, dans
un filet, était un gros sandat long d'environ soixante-
quinze centimètres. Je voulus le lui acheter, je
m'étais arrêté à la station de poste, et je n'étais
pas fâché de trouver un bon plat pour mon déjeuner.

« Ça ne coûte rien, prends-le pour rien, me dit le
vieux, j'en aurai bientôt un autre au bout de ma
ligne. »

Pour le remercier je lui demandai de me laisser
offrir à un gamin, un petit-fils qui jouait auprès de
lui, quelques kopeks pour qu'il pût s'acheter des
bonbons.

« J'aurais préféré te voir donner des bonbons et

non de l'argent. Allons, j'y consens pourtant, les vieux sont trop faibles pour leurs petit-fils. »

Un officier qui m'accompagnait se mit à rire et me dit :

« Les enfants sont les maîtres partout aujourd'hui, même au pays cosaque : la voilà bien la décadence!»

Je lui répondis que ce mal ne datait pas d'hier, et au risque de lui sembler un peu pédant, je lui dis :

« Thémistocle disait en voyant son fils : voilà le maître d'Athènes. Il gouverne sa mère, sa mère me gouverne et je gouverne les Athéniens!

— Un Cosaque, me répondit en riant l'officier, avouera peut-être quand il est grand père, qu'il est trop faible pour son petit-fils, mais jamais qu'il se laisse mener par sa femme ! »

La pêche d'automne commence presque toujours le 20 septembre (7 septembre du calendrier russe), à un village nommé Kaliénovsk situé sur le fleuve à 220 kilomètres d'Ouralsk et à 260 de la mer. Au printemps on a pêché entre Ouralsk et Kaliénovsk, et à l'automne, on ne pêche que de Kaliénovsk à la mer. On pêche le premier jour depuis Kaliénovsk jusqu'à un autre village, situé plus au sud, c'est-à-dire sur une distance de 25 kilomètres environ ; le lendemain, la pêche cesse pour un jour, on vide et on prépare le poisson, on fait le caviar, on répare les barques et les filets, on organise un bazar le long du fleuve et des marchands venus des grandes villes de Russie examinent, marchandent et achè-tent le poisson. La pêche reprend au troisième jour, sur les 20 ou 25 kilomètres suivants, du village où l'on s'était arrêté au village suivant. Le quatrième

jour est de nouveau jour de pêche et l'on continue
ainsi jusqu'à ce qu'on atteigne les bords de la mer.
Le fleuve est donc partagé jusqu'à la mer en un
certain nombre de divisions, et la pêche a lieu une
fois et tour à tour dans chacune des divisions et un
jour seulement chaque fois. Chacun pêche pour soi,
et personne n'a le droit de louer des aides ou des
ouvriers.

Les Cosaques ont adopté pour la pêche d'automne
des barques noires, longues et minces, ressemblant à la fois aux gondoles de Venise et à ce
qu'on appelle chez nous vulgairement des « péris-
soires ». Ces barques portent le nom de « boudary », elles sont faites, les plus belles et partant
les plus chères, en bois de saule, et les autres en
bois de peuplier noir. Il est très intéressant de
remarquer que les Cosaques qui jadis creusaient
leurs boudary dans un tronc d'arbre, ont commencé
depuis quelques années à les construire avec des
planches. Les vieux avaient demandé que la barque
nouveau modèle ne fût pas tolérée pour les pêches,
mais la direction de l'armée fit la sourde oreille. La
réforme attaquée par ceux-ci, fut appréciée par
ceux-là, et la question du prix de revient mit d'accord les parties. L'ancienne boudara coûtait de
vingt-cinq à trente roubles, la nouvelle est d'un prix
plus modéré qui ne dépasse jamais 15 roubles. La
permission d'avoir des barques à réservoir a même
été donnée aujourd'hui, mais la grande majorité
des Cosaques reste encore fidèle à la vieille boudara,
construite dans un tronc d'arbre comme au temps
des ancêtres.

Les engins de pêche d'automne sont de grands
filets dont la longueur est déterminée par les règlements ; les pêcheurs ont toujours à la main un cro-
chet avec lequel ils assomment le poisson pour
qu'il n'ait plus la force de sauter par-dessus bord
dans l'eau qu'il a quittée pour jamais. Les Cosaques
jadis fabriquaient eux-mêmes leurs filets, et beaucoup d'entre eux conservent encore cette vieille
coutume ; cependant les filets fabriqués à la machine
et exportés de l'étranger sont les plus solides et
ont obtenu le plus grand succès. La direction de
l'armée, après des expériences convaincantes, a
décidé d'ouvrir un crédit à ceux des Cosaques trop
pauvres pour se payer de pareils filets, et, chaque
année, les demandes des pêcheurs dépassent le
nombre des filets que la direction tient en dépôt.
L'unique grande fabrique de filets qui existe en Russie se trouve à Riga, mais les Cosaques se plaignent
beaucoup de cette maison, qui ne répond pas à
leurs exigences, parce qu'elle est trop occupée par
ses affaires avec les pêcheurs des provinces bal-
tiques.

On a préparé depuis quelques années avec le
plus grand succès des filets avec du fil tiré de l'Apo-
cynum sibiricum et on a décidé de cultiver en
grand cette plante et de provoquer ensuite la création d'une fabrique qui l'exploitera. Une autre
fabrique qui trouverait de suite des clients est celle
de vêtements imperméables pour les pêcheurs : tous
ceux que la direction met chaque année dans ses
dépôts, sont achetés aussitôt par les soldats.

Les poissons sont divisés en deux groupes par les

Cosaques : le poisson rouge et le poisson noir. Les Cosaques donnent le nom de « poisson rouge » aux quatre espèces d'esturgeons :

1° La biélouga, poisson dont le poids peut atteindre jusqu'à douze cents livres et dont la taille est colossale. Si l'on en croyait les Cosaques qui parlent des poissons qu'ils ont pris ou qu'ils ont vus, on pourrait supposer que la biélouga a quelquefois des dimensions plus considérables encore : mais à la vérité, un pêcheur cosaque qui vous raconte ses pêches, est plus blagueur — qu'on me passe le mot — qu'un chasseur de France qui célèbre ses propres exploits : chacun veut avoir pris une biélouga plus grosse que le poisson capturé par son voisin, et comme le premier chiffre donné est déjà exagéré, les poissons atteignent peu à peu des poids et des dimensions fantastiques ;

2° L'esturgeon proprement dit, l' « assiotre », qui est un peu moins gros que la biélouga et dont le nez est assez court ;

3° Le chipe. appelé esturgeon moyen ;

4° La sévrouga, plus petite et ornée d'un nez très long ressemblant à un interminable bec de canard. C'est le poisson que nous appelons l'esturgeon stellifère dont le corps un peu blond est couvert de taches plus foncées.

Ces poissons, même les plus gros, ont des yeux très petits et surtout une toute petite bouche. Le poisson rouge est le préféré des Cosaques, et c'est celui dont la chair se vend le plus cher. Il donne en outre le plus fin caviar incomparablement meilleur que celui des autres poissons ; on aurait tort de croire en effet que tout le caviar mangé en Russie et exporté en Europe soit fourni par des esturgeons.

Le poisson noir est de beaucoup le plus nombreux : les représentants de cette espèce, les plus fréquents dans l'Oural, sont la carpe, très bonne et dont la chair est tout particulièrement fine, et le soudak ou sandat, qui est peut-être plus savoureux encore. Tous deux sont souvent de grande taille et il y a des années où les carpes sont incroyablement nombreuses. On trouve ensuite dans le fleuve beaucoup de brèmes et surtout de chabots ; il y a aussi un bon nombre de perches. Les carassins, les tanches et les brochets sont beaucoup moins nombreux que dans les lacs de la steppe cosaque. Les poissons si communs en France comme l'anguille ou le goujon sont dans les provinces d'Ouralsk à peu près inconnus.

Les pêcheurs préparent souvent eux-mêmes le caviar avec les œufs des poissons qu'ils ont pris, particulièrement avec ceux de la carpe, du soudak et du chabot ; ce dernier donne un caviar de couleur rouge, qui n'est pas le régal des délicats. Le caviar des quatre espèces d'esturgeons, est au contraire un mets exquis. Un Cosaque distingue de suite au goût l'espèce d'esturgeon dont a été tiré le caviar : les plus fins amateurs partagent leurs préférences entre le caviar de la biélouga et celui de la sévrouga.

Plus les pêcheurs descendent vers la mer, plus les esturgeons sont nombreux et aucun des affluents de la mer Caspienne n'en contient autant que le fleuve Oural. Il n'y en a plus beaucoup dans la Volga et c'est une opinion générale en Russie que

la navigation au naphte à empoisonné les eaux de
ce fleuve et y cause la mort de beaucoup de poissons.

Quoique les poissons soient encore très nombreux
dans l'Oural, on s'est déjà préoccupé avec raison de
l'ensemencement artificiel des esturgeons, et on a
confié ce soin à un spécialiste très connu, M. Borodine. Depuis 1897, on a créé près de l'Oural quatre
stations de pisciculture. Les premiers essais d'ensemencement artificiel du poisson remontent déjà en
Russie à l'année 1869, ils ont été faits par MM. Kova-
leveski et Ovsiannikov dans la Volga, mais ces spécialistes s'occupèrent surtout des sterlets; les premiers essais faits dans l'Oural en 1884 sont dus à
M. Borodine, et si le succès ne fut pas complet,
il prouva du moins que de nouvelles tentatives
pouvaient réussir. On en eut la preuve deux ans
après, lorsque des savants allemands parvinrent à
élever des esturgeons sur les bords de l'Elbe. Ce
n'est pourtant qu'en 1897 que la Société impériale
de pisciculture décida d'organiser les quatre stations de l'Oural, les deux premières se trouvent près
d'Ouralsk, l'une à Trekinsk, l'autre à Krouglo-Ozerny,
on s'y occupe de l'ensemencement artificiel de l'esturgeon en général ; dans la troisième à Gorki-Pos-
selok, on ne s'attache qu'à la biélouga, et à Gouriev seulement à la biélouga et à la sévrouga. Les
spécialistes qui sont employés dans chacune des
stations recherchent les œufs d'esturgeon dans
l'Oural, font des expériences d'ensemencement artificiel, et étudient la vie, le caractère et les habitudes
des esturgeons dont on veut développer la repro-

duction. Chaque station est pourvue de tous les
appareils nécessaires, et la direction de l'armée
fournit aux savants tout ce dont ils ont besoin pour
leurs voyages et leurs expériences, chevaux,
barques, filets et serviteurs. Les soldats cosaques
sont convaincus que les travaux scientifiques entrepris sont nécessaires et ils prétendent, non sans raison, que la plus grosse espèce d'esturgeons diminue
de nombre chaque année. M. Borodine était le directeur de la station de Gouriev ; dès le jour de son
arrivée, il apprit que l'esturgeon était en train de
déposer ses œufs tout près de la ville : les pêcheurs
l'avaient reconnu à ce que dans l'intérieur des
chipes pêchés la veille on trouvait des œufs de biélouga. On apporta à la station quelques esturgeons
femelles, mais ce ne fut qu'au bout de trois essais,
que les tentatives aboutirent. Avec les plus grandes
précautions, M. Borodine fit l'ensemencement,
et au bout d'une heure et demie, la segmentation
se faisait. Quelques jours après, on pouvait apercevoir distinctement dans l'œuf l'embryon du poisson. Par un second essai, M. Borodine obtint mille
individus, et neuf mille pour le troisième dont six
mille furent lâchés dans l'Oural. Les soins à prendre
pour élever les petits esturgeons sont insignifiants ;
jusqu'au deuxième jour, ils ne prennent aucune
nourriture ; au bout du troisième jour, on leur donna
des larves hachées. Il semble d'après les expériences
faites à Gouriev que la sévrouga jetterait toujours
son frai pendant la nuit. On a essayé sans succès
d'obtenir des œufs fécondables d'esturgeons tenus
en captivité. Les pêcheurs racontaient qu'ils avaient

tenu dans l'eau sur des attaches des poissons capturés, les mâles placés non loin des femelles : celles-
ci auraient jeté leurs œufs vers le soir et les mâles
les auraient aussitôt fécondés. On a voulu vérifier
ces dires, on refit l'expérience, sans succès, les poissons se tinrent contre les parois de leur prison. Le cas
cité par les pêcheurs pouvait être vrai, mais il était
d'une application difficile. Il est d'ailleurs rare de
s'emparer d'un esturgeon non blessé, car pris au
filet il se débat très fort, et le pêcheur en le retirant
lui donne presque toujours un coup de harpon.

Des expériences ont prouvé que l'esturgeon ne va
frayer que dans l'eau douce ; dans l'eau de mer, les
œufs ne peuvent arriver à l'éclosion, même lorsqu'ils ont été fécondés dans de bonnes conditions.
C'est la raison pour laquelle dès le printemps les
esturgeons remontent les rivières. Par contre, les
tout jeunes poissons s'en vont très vite dans la mer :
au mois d'août on n'en trouve plus dans l'Oural.

On a lu déjà qu'à Gouriev il y a de grandes glacières où on conserve le poisson. On a créé en outre
le long du fleuve quelques grands viviers, dont
les parois sont faites soit avec des planches, soit, ce
qui vaut mieux, avec des cordes. Un vivier à cordes
ne coûte guère qu'une vingtaine de roubles, c'est-
à-dire à peu près soixante francs, et il peut contenir
jusqu'à vingt mille poissons. Les poissons y restent
jusqu'à l'hiver et on les expédie ensuite gelés en
Russie où ils sont consommés. Les propriétaires de
viviers peuvent en vendant ainsi leurs poissons
tirer des bénéfices énormes, il est vrai qu'il faut
beaucoup de soins : si le vivier n'est pas bien entre-

tenu, les poissons y meurent vite, mais l'eau courante du fleuve fait elle-même une partie de la besogne. En résumé, on peut dire que la pêche ouralienne par la façon dont elle est organisée, par les lois qui la régissent, par ses résultats merveilleux, peut être donnée partout comme un modèle, mais un modèle difficile à suivre : il n'est pas possible en effet de fermer dans aucun autre pays du monde peut-être, un fleuve aussi important que l'Oural, au commerce et à l'industrie.

Les rendements moyens des pêcheries de l'Oural sont les suivants :

Caviar. . . . . . .   1.180.000 kilogrammes.
Balyk . . . .   15.000   —
Gros poissons . . .   12.000.000   —
Poissons ordinaires.   20.000.000   —

Le tout se chiffrant par 3.500.000 roubles.

Et l'on ne saurait trop rappeler que de pareils résultats sont atteints en quelques jours ; puisque pendant plus des quatre cinquièmes de l'année la pêche est interdite dans l'Oural.

Les Cosaques ont l'habitude d'offrir aux personnages officiels de la Russie quelques-unes des plus belles pièces de leurs pêches. Chaque année ils envoient à l'empereur et aux principaux membres de la famille impériale plusieurs poissons, choisis parmi les plus gros esturgeons, ainsi que des carpes et des soudaks.

CHAPITRE XI

DESCRIPTION D'UN JOUR DE PÊCHE
EN AUTOMNE

J'étais encore à Gouviev quand une dépêche du
général Maximovitch m'avertit qu'il était temps de
revenir sur mes pas jusqu'à Kaliénovsk, où devait
quelques jours plus tard commencer la grande pêche
d'automne. La longue route que j'avais suivie
depuis Ouralsk jusqu'à la mer et qui me semblait
si monotone, était maintenant amusante à par-
courir, couverte de voitures, d'hommes et de caravanes. De tous côtés, j'apercevais des cavaliers
qui galopaient joyeusement et des voitures portant
les longues barques noires de la pêche, traînées
par des chevaux ou par des bœufs, parfois même
par des chameaux. D'autres équipages étaient remplis de filets, de vivres et de tout un matériel de
campement, car chaque Cosaque emportait avec
lui sa tente, comptant bien suivre la pêche jusqu'au
dernier jour.

Lorsqu'ils me voyaient passer dans mon tarantas
avec le soldat qui me servait de domestique, ils
s'arrêtaient, portaient la main à leur front, et restaient quelques secondes immobiles, en faisant le
salut militaire. J'étais pour eux « le général français », ainsi que je l'ai dit plus haut ; il est vrai que

lorsqu'ils me rencontraient dans un village, à pied et sans suite, ils me contemplaient avec mépris, je n'étais plus pour eux qu'un des vulgaires marchands venus pour leur acheter leurs poissons au lendemain de la pêche. De tous côtés, j'apercevais des chariots et des voitures, mais bientôt une poussière épaisse m'aveugla et je ne pus plus rien voir.

Lorsque j'arrivai au village de Kaliénovsk, je me rendis aussitôt au campement des pêcheurs qui était établi à trois kilomètres du village, ils campaient les uns près des autres et au même endroit. Il y avait là déjà plusieurs milliers de voitures, des petites tentes avaient été dressées et une animation prodigieuse régnait partout. Les pêcheurs travaillaient : les uns vérifiaient leurs filets et réparaient les accidents dont les barques avaient souffert pendant le voyage, les autres achevaient de dresser des tentes pour la nuit; d'autres, enfin, préparaient un souper assez frugal d'ailleurs, allumaient le feu pour le samovar, et tiraient de leurs sacs le gâteau cosaque appellé kakourka, du pain, des concombres, des melons et des pastèques. Un gros pope se promenait au milieu d'eux; il disait un mot aimable à chacun, acceptait de partager avec l'un une pastèque; avec l'autre un melon, ne refusait de trinquer avec personne et de petit verre en petit verre, devenait plus loquace et plus joyeux.

« Regardez comme ils travaillent nos Cosaques, Dieu les bénisse, car il n'aime pas qu'on soit paresseux ! »

Le pope qui marchait à côté de moi en titubant un peu, apercevant un tarantas plus confortable que

les autres, se dirigea vers la voiture. Il s'accrocha
à la poignée en donnant un tel effort que je crus que
l'équipage allait verser; il s'effondra au fond de la
voiture; je continuais à lui parler croyant qu'il
voulait simplement se reposer quelques instants; je
m'aperçus, lorsque je m'approchai, qu'il dormait
du plus profond sommeil. Tout à coup il fit entendre
des ronflements effrayants.

« Ah ! ce grand pochard ! dit un Cosaque en riant,
nous ne trouverons plus d'esturgeons demain : il fait
un bruit à faire sauver à dix verstes d'ici tous les
poissons du voisinage ! »

En compagnie d'un soldat, je descendis sur le
rivage : l'Oural coulait brillant et tranquille, il faisait clair encore, et les poissons nombreux sau-
taient joyeusement hors de l'eau. Bien que le jour
baissât peu à peu, mon guide me nommait toutes
les espèces qu'il reconnaissait à leur manière de
sauter : c'était une carpe qui, dans un bond
très lourd faisait étinceler les écailles blanches
de son corps, un soudak qui battait les flots avec
sa longue queue : l'eau qu'il coupait jaillissait tout
autour de lui. Tout à coup, en face de nous, à
quelques mètres, un corps énorme sortit de l'eau
et fit avant d'y plonger, un bond prodigieux; le
soldat reconnut de suite un esturgeon mâle. Le
poisson était en effet sortit de l'eau tout entier et
avait bondi en l'air à un mètre et demi de hauteur; les femelles ne sautent jamais aussi haut,
et elles apparaissent sur le côté en montrant leurs
ventres argentés. La vue de ce géant de l'Oural
avait été fort pittoresque, il était retombé pesam-

ment dans l'eau qui bouillonnait et tourbillonna
longtemps encore après sa chute. Les requins des
baies de la Corée ne m'ont pas paru d'aspect plus
prodigieux, mais il est évident que les baleines que
j'ai rencontrées en Extrême-Orient sur les côtes de
Sakhaline et dans les baies du Pacifique m'ont donné
plus d'émotion encore.

Lorsque je revins au village, le bruit que faisaient
les Cosaques s'assourdissait, l'heure du repos allait
sonner, et chaque pêcheur voulait être frais et
dispos pour la grande pêche du lendemain. La
lune s'était levée et de sa lumière d'or remplissait les eaux du fleuve de couleurs et de rayonnements.

De bonne heure le lendemain, je fus réveillé par
les cloches qui sonnaient à toute volée, j'ouvris ma
fenêtre qui donnait sur une large rue tout près de
la place au milieu de laquelle s'élevait l'église; tous
les habitants du village attendaient déjà, le pays
entier était en fête. L'église était trop petite pour
tous les fidèles; le service divin terminé, les prêtres,
les diacres, les servants sortirent de l'église, précé-
dés par les saintes images que les vieillards se
disputaient l'honneur de porter, et que suivaient en
foule les femmes et les enfants. La procession n'avait
pas ce jour-là l'aspect grave qu'elle prend presque
toujours en Russie; la gaieté était sur tous les
visages, la bonne gaieté, robuste et communicative
telle qu'on la connaît au pays cosaque. Les femmes
s'étaient parées, coquettes, de leurs plus beaux
atours, elles avaient revêtu leurs robes de fête et
leurs corsages des grands jours; les couleurs en

étaient éclatantes, bleues, rouges, jaunes, orangées,
vertes, comme les casaques de nos jockeys, mais
ces teintes trop vives et trop crues convenaient
admirablement à un pareil spectacle.

La voiture de l'atamane et la mienne, toutes deux
attelées de beaux chevaux fringants, furent amenées et, traversant la foule qui s'écartait et qui
saluait, nous partîmes au grand trot. Le campement
de la veille n'existait plus, les tentes avaient été
enlevées, et les voitures, chargées du matériel et
des provisions, étaient parties déjà sous la conduite
des enfants vers le village suivant, où devaient
s'arrêter le soir les pêcheurs pour vendre le poisson
capturé pendant le premier jour de la pêche, pour
faire le caviar, pour saler une partie des poissons et
pour déposer les autres dans les viviers établis près
du fleuve, pour réparer les avaries survenues aux
filets ou aux barques et enfin pour se reposer s'ils
le pouvaient avant d'aller plus loin.

Lorsque le chef de l'armée fut arrivé, un pope, un
homme superbe, bénit le fleuve, prêcha et pria : il
parlait très naïvement et simplement, avec des
réflexions qui me semblaient un peu enfantines,
mais qui devaient toucher tous les cœurs des pêcheurs. Il se tenait debout devant le fleuve, et en
face de lui, se trouvait le général entouré des saintes
images. Beaucoup de Cosaques sont de religion dissidente et dédaignent d'écouter les prêtres ; ils croient
pourtant fermement à Dieu, mais pensent que pour
s'adresser à lui, ils n'ont besoin d'aucun intermé-
diaire. Les orthodoxes cependant s'inclinaient et
demandaient à Dieu de mettre dans leurs filets du

poisson en abondance, et quelques dissidents que
des officiers me désignèrent, vinrent bientôt se mêler
à eux, persuadés qu'un bout de prière est toujours
bon, de quelque part qu'il vienne.

La cérémonie finie, les Cosaques s'avancèrent,
même ceux qui pendant les prières étaient restés à
travailler à leurs filets : ils firent le cercle autour de
leur général près duquel je m'étais placé : celui-ci
prit d'abord la parole, les salua, leur souhaita bonne
pêche et leur demanda s'ils avaient quelque requête
à lui adresser. Quelques vieillards choisis par les
Cosaques comme porte-paroles, s'avancèrent, saluèrent militairement, exprimèrent au nom de tous
des désirs et des plaintes. Le général fit selon sa
conscience bon ou mauvais accueil aux requêtes ;
puis il donna l'ordre de faire les derniers préparatifs.

J'entrai alors dans la tente dressée spécialement
pour le chef de l'armée ; les officiers et le pope nous
suivirent et le général dit à ces derniers de se servir : la table étant couverte de hors-d'œuvre et de
bouteilles d'eau-de-vie et de liqueur de sorbier. Le
pope but à la santé du chef de l'armée qui, très sobre,
se contenta de porter le verre à ses lèvres, puis il
trinqua joyeusement avec les assistants. Le premier
petit verre l'avait mis en goût, il en remplit deux
autres et s'avança vers moi les verres à la main
pour que nous trinquions ensemble :

« Père Michel, dit le gouverneur, notre Français
prend de la bière et ne boit pas d'eau-de-vie?

— Sainte Vierge, ma mère ! le Français ne boit pas
d'eau-de-vie, s'écria le père Michel ! »

Il me contempla stupéfait quelques instants, puis il avala d'un trait le contenu du verre qu'il tenait dans sa main droite ; il me regarda encore avec un étonnement qui semblait croissant, et en homme soigneux qui veut que rien ne soit perdu, il vida le verre qu'il tenait dans sa main gauche.

« C'est mal, dit-il, de faire ainsi fi des dons du bon Dieu !

— Ah, père Serge, je vois que vous pouvez boire pour deux, cela fait compensation ! »

Tout le monde se mit à rire, et évidemment j'avais exprimé la pensée de chacun.

« Vous m'offensez, ajouta le pope, je bois pour moi, et pas pour les autres !

— Père Michel, dis-je en lui tendant la main, ne vous fâchez pas. Et puisqu'il ne faut pas faire fi des dons de Dieu, je vous charge de boire pour moi jusqu'à la fin de vos jours.

— Il ne faudra pas me le dire deux fois, répondit-il joyeusement, c'est promis !

— Voyons, Michka[1], dit un des officiers qui avait été son camarade d'enfance, rappelle-toi ce que l'évêque t'a dit un jour que tu t'étais par trop... oublié.

— Eh bien ?

— Eh bien ! il t'a dit : mon fils, sachez-le : il faut user et non abuser.

— Tu dis des bêtises, mon cher, s'écria le père Michel : il y a maintenant mes conventions entre le Français et moi. Quand je paraîtrai devant Dieu et

[1] Diminutif de Michel.

15.

qu'il me dira, après avoir mis mes péchés dans la balance : Michka, Michka, comme tu as bu pendant ta vie ! Je porterai la main dans la balance, et j'en retirerai la moitié de mes péchés de gourmandise en disant : Oh non, par exemple, Seigneur, tous ceux-là sont pour le compte de Paul Labbé ! »

Pauvre Pope ! ce que depuis on a dû le faire boire en mon nom pour avoir le plaisir de le griser ! Et combien de péchés il fait chaque jour porter à mon compte sur le grand livre du jugement dernier ! C'est effrayant.

Le général interrompit notre conversation et nous pria de l'accompagner, nous sortîmes.

La rive droite de l'Oural était à cet endroit très escarpée, mais haute de cinq à six mètres seulement. A trente mètres du rivage, étaient alignées les longues barques noires des pêcheurs, il y en avait à peu près trois mille. Debout, auprès d'elles, deux par deux, les Cosaques se tenaient immobiles comme les soldats au moment de la revue : en face de nous, l'autre rive, où quelques buissons verts poussaient dans le sable brillant sous les rayons du soleil, était plate et déserte, c'était jusqu'à l'horizon une steppe monotone et infinie : à nos pieds, l'Oural coulait rapide et silencieux.

L'atamane leva le bras, et à ce signal un coup de canon retentit : les Cosaques aussitôt, deux par deux saisirent leurs barques, les traînèrent ou les portèrent vers le rivage. Ils se pressaient, se bousculaient, c'était à qui arriverait le premier, les barques furent jetées à l'eau, et les plus prompts nagèrent aussitôt énergiques et joyeux ; quelques canots chavirèrent et les bateliers cherchèrent longtemps en vain à les redresser ; personne ne venait à leur aide, tant pis pour ceux qui tombent, chacun pour soi, celui que la chance allait favoriser n'avait pas de temps à perdre, s'il voulait être riche le lendemain. En moins de temps qu'il ne faut pour le dire, le fleuve fut couvert par trois mille barques. Quelques pêcheurs étaient restés près du rivage, ils avaient enfin redressé leurs barques chavirées et jeté l'eau dont elles étaient pleines : les officiers et les spectateurs les raillaient et les traitaient de maladroits. Les autres barques cependant glissaient légères sur le fleuve rapide, presque toutes étaient noires, j'en aperçus une verte, qui, fine et gracieuse, descendait vivement le courant : elle était au milieu même du fleuve et dépassait peu à peu toutes celles des autres pêcheurs, lorsque, sans doute dans une fausse manœuvre, elle chavira à son tour et les deux pêcheurs qui la conduisaient nagèrent longtemps et désespérément autour d'elle, sans parvenir à la remettre à flot.

Le chef de l'armée, qui retournait à Ouralsk, me fit alors ses adieux. Accompagné par quelques officiers, je sautai en voiture, et à toute la vitesse de nos trois chevaux, je gagnai Lebiaji, village situé à quelques kilomètres au sud ; j'y arrivai avant les barques que je voulais admirer à leur passage ; j'étais allé en ligne droite, tandis que les pêcheurs avaient un chemin beaucoup plus long à faire, car l'Oural coule entre Kaliénosk et Lebiaji en faisant de nombreux méandres. Une foule de femmes endimanchées se pressaient sur le rivage ; il y avait de

belles filles, fraîches et saines, plus robustes que
délicates, mais très appétissantes ; elles bavardaient
et riaient gaiement. Les femmes mariées ne faisaient
pas moins de bruit qu'elles, les gamins couraient,
jouaient, luttaient entre eux, et les vieillards, gravement, parlaient des grandes pêches de jadis, et ne
pouvant prendre part à celles d'aujourd'hui, ils
racontaient leurs anciennes prouesses et critiquaient
les façons de faire de leurs petits-fils et de leurs
petits-neveux. Le fleuve était encore silencieux, et
au fond, vers le nord, le soleil faisait étinceler l'eau
courante entre un long banc de sable d'or de la rive
kirghize et les bouleaux argentés qui abritaient sur
l'autre rive, la frontière du pays cosaque.

Tout à coup, nous aperçûmes à l'horizon, comme
une barre noire sur l'eau transparente : cette barre
s'avançait rapidement sans qu'on puisse distinguer
comment et de quoi elle était faite. Nos yeux parvinrent enfin à distinguer quelque chose, et bientôt,
sous le soleil ardent de midi, nous vîmes voltiger,
au-dessus des barques noires, les couleurs éclatantes des chemises rouges et bleues des pêcheurs.
Le signal de la pêche n'avait pas encore été donné,
les Cosaques ramaient de toute force, et les poissons, affolés sans doute, devaient se fatiguer à
nager devant les hommes qui les pourchassaient.

La barque qui s'avançait la première, était celle
du chef de la pêche, suivie de celles des douze
députés surveillants. Croyant sans doute que le
général était encore parmi nous, le chef de la pêche
avait tenté une manœuvre grandiose : sur son ordre,
les 3.000 barques s'étaient alignées, en plusieurs

Fig. 13. — La grande pêche d'automne.

rangs, sur toute la largeur du fleuve ; c'était comme un régiment qui s'avançait pour une revue. Sur lé bord, autour de nous, tout bruit s'était tu, mais au moment où les barques passèrent devant nous, les six mille pêcheurs, tous ensemble, nous saluèrent d'un formidable hourrah, tandis que, pressés sur la rive, émus et enthousiasmés par le spectacle dont ils étaient témoins, officiers, femmes et vieillards souhaitaient aux Cosaques bonne pêche du geste et de la voix. Les femmes, les enfants, cherchaient à reconnaître leurs maris ou leurs pères. Une jeune fille, près de moi, envoyait des baisers à une barque dans laquelle elle croyait reconnaître son fiancé, une autre joyeusement s'écria :

« Moi, je n'ai pas de fiancé, mais cela ne fait rien, j'envoie un baiser, comme cela, dans le tas, ce sont tous nos Cosaques que j'embrasse à la fois ! »

Le hourrah des pêcheurs avait été comme un signal, le chef de la pêche avait laissé rompre les rangs, et deux par deux, les barques s'étaient mises à pêcher ; un rameur se trouvait à l'avant de chaque barque, à l'arrière était toujours un pêcheur ; les deux pêcheurs des deux barques accouplées tenaient le bout de l'immense filet qui traînait au fond du fleuve. Chaque fois qu'ils levaient leur filet, les deux barques se rapprochaient peu à peu et des brêmes, des carpes, des sandats, des chabots y restaient prisonniers, et les pêcheurs les jetaient dans la barque en se servant de leurs crochets ; lorsqu'un esturgeon était pris, des cris de joie retentissaient aussitôt ; on a vu des esturgeons si robustes qu'ils se frayaient un passage à travers les filets, les déchiraient et faisaient chavirer des canots.

Un vieux Cosaque se précipita tout à coup vers moi, tenant dans son bras un esturgeon stellifère, une sévrouga longue d'un mètre vingt, qui se débattait vigoureusement, et il me l'offrit pour mon déjeuner. « J'étais, me dit-il, à Malakov, et c'est là que j'ai appris à estimer les Français. Permettez-moi, en vous donnant ce poisson, de rappeler ce vieux souvenir. »

Je serrai la main du vieillard. Le poisson se débattait si fort que ses œufs jaillirent sur la poitrine d'un des hommes qui nous entourait. La sevrouga est pour sa taille d'une force extraordinaire, et pour la maintenir, il est bon d'avoir des gants, car les aspérités du corps du poisson et ses nageoires peuvent blesser profondément la main de celui qui la tient. Le vieux Cosaque tira son couteau et ouvrit le ventre du poisson plein de quelques milliers d'œufs ; il les arracha et, selon la coutume, les fit tomber dans un seau en se servant d'un tamis, les filaments sanguins lui restaient dans la main, il mit du sel ensuite : il faut une livre de sel par poud d'œufs, c'est-à-dire par seize kilogrammes : le mélange fait, on laisse reposer quinze ou vingt minutes, et le caviar peut alors être mangé. Même pour un amateur de caviar, comme je le suis, on trouve le mets moins bon quand on a assisté à toute cette préparation. Le caviar cependant était excellent et le poisson fit notre régal pendant le déjeuner que l'on me servit sur la rive même de la rivière ; nous avions fait un trou dans la terre où nous avions allumé un feu au-dessus duquel notre bouilloire chantait. Les pêcheurs étaient infatigables, la plupart refusaient de se reposer même quelques minutes et déjeunaient sur le fleuve dans leurs barques. Je suivis la pêche toute la journée ; vers le soir, de nombreux pêcheurs regagnèrent le rivage, les barques pleines de poissons. Je regagnai à pied le village où l'on m'avait réservé une chambre ; non loin de là, des tentes avaient été dressées, et je revoyais un campement semblable à celui de la veille ; près de chaque voiture, brûlait du feu, et les enfants et quelques vieillards préparaient la soupe et le thé.

Je dînai avec les officiers et rentré chez moi je dus bientôt renoncer au sommeil ; tout le peuple de pêcheurs était bruyant et grouillant ; chacun d'eux revenant au campement et ne sachant de quel côté se diriger pour retrouver sa voiture, appelait les siens, c'était un bruit assourdissant ; j'ouvris ma fenêtre, la nuit était très sombre, et j'aperçus les feux, on aurait pu croire qu'une armée entière s'était arrêtée et campait auprès du village.

Dans les rues, grand tumulte ; partout retentissaient des cris et des chants. Malgré les fatigues de la journée, la plupart des pêcheurs trouvaient la force de prendre part à de grandes beuveries, et c'est encore là une des fiertés des Cosaques et une de leurs supériorités sur les autres hommes, à leur avis du moins, que de pouvoir boire comme ils le font.

Le chiffre des litres consommés le soir de la pêche paraîtrait sans doute à mes lecteurs aussi formidable que celui des poissons pris pendant la première journée de la pêche d'automne. Les pêcheurs qui avaient été les plus heureux buvaient pour célébrer leur succès, et les autres, pour se consoler !

Le lendemain était jour de vente, jour de bazar.

Sur la grève, tous les poissons capturés la veille étaient étendus et le chef de la pêche que j'interrogeai me dit qu'on en avait pris environ 65 000 kilogrammes. Le chiffre lui semblait peu satisfaisant ; il est vrai de dire que le premier jour de pêche est le moins productif, car on commence à pêcher assez tard, et ce jour-là, la bénédiction des eaux, le discours du gouverneur, les requêtes exposées par les délégués, les préparatifs divers font perdre presque toute la matinée. Les poissons rouges étaient peu nombreux. Un pêcheur me montra ses filets en lambeaux ; une biélouga qui pesait d'après lui, 700 kilogrammes les avaient déchirés ; blessée par le harpon, elle avait encore trouvé la force de renverser la barque qui la poursuivait. J'aperçus pourtant sur le rivage quelques poissons rouges ; les plus gros pouvaient peser 250 à 300 livres ; il y avait en outre des soudaks, des chabots et surtout des carpes en abondance.

Des marchands venus d'Ouralsk et de Gouriev, et même de Saratov, d'Odessa, de Moscou et de Pétersbourg avaient dressé de petites tentes blanches. Ils discutaient avec les pêcheurs, marchandaient bruyamment et se disputaient les plus beaux exemplaires. Vendeurs et acheteurs semblaient aussi excités les uns que les autres, ils se bousculaient, se querellaient, chacun criait.

« Les Cosaques, me dit un marchand de Kazan,

savent aujourd'hui trop bien la valeur de l'argent, nous ne pouvons plus faire chez eux les bonnes affaires d'autrefois ! »

Un des officiers à qui je répétai ce propos me dit :

« Il est très vrai que nos soldats sont devenus de meilleurs commerçants, mais s'ils gagnent assez d'argent pour suffire à leurs besoins de l'hiver, il est juste de dire que les marchands s'enrichissent bien plus vite qu'eux. Les acheteurs qui regrettent le temps passé sont ceux qui voudraient aussi facilement que jadis voler le pêcheur sur sa marchandise. »

Les soldats cependant travaillaient au lieu de prendre un repos pourtant bien gagné, ils se préparaient à la journée du lendemain ; ils se faisaient aider par les vieux pour réparer les avaries des barques, et laissaient les femmes et les enfants remailler les filets endommagés. Ils s'occupaient surtout de la vente et de la préparation du poisson ; les uns discutaient avec les marchands, les autres salaient des poissons destinés aux grandes glacières de Gouriev ou faisaient du caviar.

Je quittai le rivage pendant la journée, ma voiture était prête depuis plusieurs heures, je retournais à Ouralsk, laissant les pêcheurs descendre le fleuve jusqu'à son embouchure et continuer leurs travaux. Pendant des heures entières, j'entendais, m'éloignant pourtant peu à peu, les cris des milliers d'hommes que je laissais derrière moi, mais enfin le bruit s'assourdit et je rentrai dans le silence et le calme. Ma voiture roulait grand train sur une piste mauvaise à travers la steppe interminable et monotone. Je traversais des villages vides et attristés, les hommes étaient absents, et quelques femmes venaient à mon tarantas pour me demander des nouvelles. Quelques-unes voulaient savoir si j'avais vu leurs maris ou leurs pères, toutes me demandaient si la journée avait été heureuse et la pêche féconde. J'arrivai enfin à Ouralsk, que je devais quitter le lendemain pour Paris, les yeux encore tout éblouis par le plus merveilleux et le plus émouvant spectacle que j'aie jamais contemplé peut-être au cours de mes voyages !

TABLE DES MATIÈRES

PREMIÈRE PARTIE

UN VOYAGE SUR LA VOLGA

DEUXIÈME PARTIE

EN BACHKIRIE

TROISIÈME PARTIE

LES COSAQUES DE L'OURAL

ÉVREUX, IMPRIMERIE DE CHARLES HÉRISSEY